Sobre a arte de guardar

SONIA TROITIÑO
TANIA REGINA DE LUCA
(Orgs.)

Sobre a arte de guardar

Reflexões a respeito do acervo de Lívio Xavier

2017 30 ANOS
CENTRO DE DOCUMENTAÇÃO E MEMÓRIA DA UNESP
CEDEM

CULTURA ACADÊMICA
Editora

Direitos de publicação reservados à:
Fundação Editora da Unesp (FEU)
Praça da Sé, 108
01001-900 – São Paulo – SP
Tel.: (0xx11) 3242-7171
Fax: (0xx11) 3242-7172
www.editoraunesp.com.br
www.livrariaunesp.com.br
feu@editora.unesp.br

Dados Internacionais de Catalogação na Publicação (CIP)
Vagner Rodolfo CRB-8/9410

S677

Sobre a arte de guardar: reflexões a respeito do acervo de Lívio Xavier / organizado por Sonia Troitiño, Tania Regina de Luca. – São Paulo: Cultura Acadêmica, 2017.

ISBN: 978-85-7983-894-1

1. Jornalismo. 2. Jornalismo Brasileiro. 3. Século XX. 4. Socialismo. 5. Documentação Histórica. 6. Xavier, Lívio Barreto. I. Troitiño, Sonia. II. Luca, Tania Regina de. III. Título.

2017-572 CDD: 070.981
CDU: 070(81)

Editora afiliada:

Asociación de Editoriales Universitarias de América Latina y el Caribe

Associação Brasileira de Editoras Universitárias

Sumário

Apresentação

Sonia Troitiño e Tania Regina de Luca

Em 2001, quando a família de Lívio Barreto Xavier formalizou a oferta da biblioteca e do arquivo que a acompanha à Universidade Estadual Paulista Júlio de Mesquita Filho (Unesp), a instituição apressou-se em selar o acordo, tendo em vista a representatividade e importância desse acervo, que já se encontrava sob responsabilidade do Centro de Documentação e Memória (Cedem) desde 1994 e fora recebido inicialmente por meio de convênio, em depósito, com a totalidade do acervo do Centro de Documentação do Movimento Operário Mário Pedrosa (Cemap).

A família Xavier havia, então, confiado ao Cemap a guarda de seus documentos, porém reservando para si a propriedade e o direito de venda. O processo de aquisição teve cabo em setembro de 2002, com mediação da inventariante, a professora Myriam Xavier Fragoso, sobrinha de Lívio Barreto Xavier. A partir desse momento, esse significativo acervo passou à propriedade da Unesp (Runesp Processo n.385/50/1/2002) e, institucionalizada em centro de documentação histórica de universidade pública, a documentação, antes particular, tornou-se patrimônio coletivo.

Para além do reconhecimento da relevância da impressionante biblioteca de obras raras, assim como da riqueza do arquivo pessoal, a sua aquisição justificou-se tanto pela missão institucional do Cedem quanto pela linha temática orientadora da formação de seu acervo, com a qual esse material dialoga diretamente, a um tempo expandindo-o e complementando-o.

Desde então, iniciativas de preservação e acessibilidade a esse corpus documental foram realizadas em forma de projeto. Os livros livres de direitos autorais foram digitalizados e disponibilizados na Biblioteca Digital da Unesp e o conjunto total da biblioteca, que soma mais de 4 mil exemplares, encontra-se catalogado e à disposição para consulta *in loco* no Cedem. Entre as muitas primeiras edições de clássicos da literatura francesa, uma das paixões de Lívio Xavier, encontram-se obras clássicas sobre o marxismo e a Revolução Russa.

Quarenta e duas caixas arquivo abrigam os documentos textuais do Fundo Lívio Xavier. Manuscritos ou datilografados, escritos, cartas, bilhetes, provas de livros, traduções, críticas musicais e literárias, documentação burocrática e de divulgação partidária retratam a multiplicidade de atividades nas quais ele se envolvia. Da mesma forma, é possível perceber a dimensão pessoal assumida pelas relações familiares de amizade na vida Lívio Xavier, por conta dos documentos íntimos carinhosamente guardados. Além dos documentos textuais, é possível encontrar uma significativa variedade de espécies, gêneros e suportes documentais: 394 ampliações fotográfica, 51 negativos, 222 postais e 95 títulos de periódicos convivem ao lado dos 4.038 títulos existentes na biblioteca.

Apesar da reconhecida biografia e da importância de Lívio Barreto Xavier no cenário político e intelectual brasileiro, esse é um acervo relativamente pouco explorado diante do potencial de informações nele preservadas. A organização deste livro tem como motivação apresentar a grande diversidade temática e a variedade de fontes disponíveis para a pesquisa nesse fundo, além de apontar alguns dos múltiplos caminhos que se pode percorrer a partir de centenas de papéis e livros. Pretende, assim, chamar a atenção para as potencialidades desse corpus documental sem, contudo, explorar mais do que algumas de suas possibilidades. Os autores aqui reunidos, notórios especialistas nas temáticas que abordam, mais do que respostas, trazem reflexões e provocações, com o intuito de estimular a curiosidade investigativa.

Abre o livro um depoimento afetuoso de Antonio Candido, que permite não apenas conhecer de perto Lívio Xavier e aquilatar o lugar por ele ocupado no campo intelectual brasileiro, como também evoca de maneira saborosa hábitos, práticas e espaços de sociabilidade da São Paulo dos anos 1940 e 1950, suas livrarias, restaurantes e cafés no entorno da Praça da República, Theatro Municipal e Vale do Anhangabaú, cenário em que se nutriam amizades, cumplicidades e companheirismos. Após a deambulação pelo centro velho, o leitor é conduzido, por José Castilho Marques, à intimidade da personagem. Castilho, juntamente com a sobrinha de Lívio, Myriam Xavier Fragoso, foram os primeiros a intervir no acervo, organizando-o e listando-o preliminarmente, dois anos antes do falecimento do escritor, quando já não morava em seu apartamento. Não é sem emoção que o autor rememora as descobertas por entre caixas, livros e papéis que se amontoavam no pequeno e austero apartamento, espécie de caverna de Ali Babá que lhe forneceu material precioso para a tese de doutoramento. Sobressai o Lívio militante, que se revela nas traduções, na correspondência com os companheiros, nos embates com o Partido Comunista.

O texto de Elisabete Marin Ribas chama a atenção para o gênero ao qual pertence o material reunido por Lívio Xavier: trata-se de um arquivo pessoal e privado. A autora destaca as armadilhas e os desafios que esse tipo de acervo coloca para o pesquisador e apresenta um rol de instituições que acolhem documentação da mesma natureza, traçando um panorama amplo, ainda que não exaustivo, das instituições que guardam arquivos de escritores.

Mary Pedrosa e Lívio Xavier. Cedem. Fundo Lívio Xavier. Autor desconhecido.

Especificamente sobre os papéis de Lívio Xavier depositados no Cedem, Sonia Troitiño apresenta um panorama sobre a diversidade documental, voltando-se para a formação do arquivo e sua articulação com a história de vida de seu titular.

Concluem o livro três textos que se debruçam em documentos específicos. Tania Regina de Luca explora as muitas possibilidades que a série correspondência coloca diante do pesquisador, enquanto Silvia Azevedo toma, da vastíssima produção crítica de Lívio Xavier, as análises que fez a propósito de Mário e Oswald de Andrade. Por sua vez, Telma Campanha de Carvalho Madio discute a linguagem fotográfica e os registros documentais decorrentes da fixação das informações que transmitem. Coloca a fotografia em contexto arquivístico, chamando atenção para o risco da perda da organicidade, inerente a qualquer documento de arquivo, e para a problemática da análise da imagem de modo isolado, descolada de sua origem de produção e guarda.

Trata-se, é bom frisar novamente, de ensaios preliminares cujo objetivo é aguçar a curiosidades dos pesquisadores, que ainda dispõem de conjuntos de cartões postais, fotografias, contratos com editoras, material pertencente a terceiros. Esses permanecem aguardando as perguntas dos interessados na vida cultural e política brasileira.

A meu querido mestre Lívio,*
com todo o afeto e admiração,
ofereço.

Antonio Candido

(* que dirá, como Capistrano: "Não sou mestre de ninguém"...)

Dedicatória no livro Teresina Etc. Cedem, biblioteca Lívio Xavier.

Depoimento

Preâmbulo

José Castilho Marques Neto

A última vez que conversei com o professor Antonio Candido foi sobre este texto depoimento. Ao levar-lhe o texto para que o revisasse e autorizasse a publicação pelo Cedem, lembramos a "mesa-redonda Lívio Xavier – retratos do mestre" realizada em 25 de abril de 2001 em homenagem aos 101 anos do nascimento de Lívio Barreto Xavier e a seu precioso acervo.

Naquela ocasião, convidados pela professora Anna Maria Martinez Corrêa para moderar a mesa com ilustres convidados, eu e Dainis Karepovs tivemos um diálogo intenso com o professor Antonio Candido e seus companheiros Almino Afonso, Regis Duprat e Agenor Barreto Parente. Talvez o êxito daquela mesa tenha forjado a ideia deste livro que agora chega ao leitor, dando permanência à efemeridade de um evento que poderia se perder no tempo.

A origem deste inédito do professor Antonio Candido tem naquele evento de 2001 seu marco temporal, mas suas considerações não se alteraram quando releu o texto que lhe deixei algumas semanas antes de seu falecimento. Recebi dele um telefonema após sua leitura do texto e ele me afirmou que faria apenas uma revisão da oralidade, mas que suas impressões eram aquelas expressas na sua fala. Reiterou também seu entusiasmo pela homenagem que seria prestada ao Lívio nesta obra, ressaltando, assim como já o fizera quando conversamos, que seria um justo reconhecimento a alguém que ele e sua geração consideravam um verdadeiro mestre. Pensei: um mestre fala de outro. E assim nos despedimos, marcando um novo encontro para outro papo, que seria como sempre instigante e delicioso, quando eu fosse buscar o texto revisto.

Infelizmente esse encontro não ocorreu. E o nosso autor não teve tempo para rever a oralidade do texto conforme desejava. Felizmente sua generosidade seguiu com suas filhas e foi em uma conversa com a escritora, designer e sua editora preferida, Ana Luísa Escorel, que recebemos a autorização para publicar o depoimento que se segue, após a melhor revisora de Antonio Candido ter passado um cuidadoso olhar sobre os originais e realizado pequenas alterações de forma e algumas observações de ordem histórica e temporal que revisei e, assim, pude dar precisão aos fatos citados. À Ana Luísa e família nossos agradecimentos por tudo, principalmente por viabilizar esse depoimento histórico de seu pai, mestre de todos nós.

Mesa redonda "Retratos do Mestre", em 25/04/2001, realizada no Cedem/Unesp. Créditos: Fernando Barletta.

Lívio Barreto Xavier – minha impressão pessoal

Antonio Candido

Os escritos de Lívio Xavier foram quase todos de circunstância. Mesmo as publicações em jornais, embora de excelente qualidade, não dão a medida real do Lívio porque ele foi, de fato, um homem de grande talento, cultura e originalidade.

Eu desconhecia o livro *Tempestade sobre a Ásia,* publicado com o pseudônimo L. Mantsô, em 1934. Os livros que conheço ele publicou em vida, eram pequenos e foram apenas três. Em 1974, as lembranças da infância – *Infância na granja* arrancadas dele por Francisco Luiz de Almeida Salles. Ele resistiu, mas o Almeida Salles ficou ali, insistindo e não teve jeito.

O segundo, *O elmo de Mambrino*, é de 1975 e também foi arrancado, dessa vez, por Antonio Olavo Pereira, grande admirador de Lívio Xavier. Tinha fascinação por Lívio Xavier e gostava tanto desse livro, e tanto insistiu que o Lívio entregou os pontos: reuniu os artigos e deu para o Antonio Olavo. Esse título – *O elmo de Mambrino* – é extremamente significativo e tem relação com *Dom Quixote de la Mancha*. D. Quixote persegue um pobre barbeiro, derruba o barbeiro, pega a bacia do barbeiro e põe na cabeça. Para D. Quixote não é a bacia do barbeiro, é o elmo do Cavaleiro Mambrino. Então o livro, com muita ironia insinua: "Olha, isso que está representado aqui não é crítica literária nem política, é uma bacia de barbeiro mesmo". Por aí se vê o humor, a ironia e o desinteresse dele.

O terceiro livro é de 1978 e chama-se *Dez poemas*, cinco em francês e cinco em português. O texto francês é tratado com o mesmo domínio que o português, como se tivesse sido escrito diretamente, e é muito curiosa a combinação de uma espécie de contenção clássica com certa fantasia surrealista. Propósito difícil do qual se saiu muito bem.

Como estão vendo, os três resultam de reuniões de pequenas coisas que ele foi publicando. Na verdade, nunca chegou a planejar, a projetar um livro. Esses trabalhos, todos de alta qualidade, são, como eu disse, trabalhos circunstanciais, fora os poemas que ele foi fazendo por prazer.

E por que o Lívio não quis fazer um livro? Por que não fez longos ensaios? Nunca me acudiu isso. Talvez seu acidente de saúde tenha influído. A vida dele foi difícil, pelo que estou informado. Teve de reaprender a andar, a falar, a escrever, tudo com o lado esquerdo: andava com certa dificuldade. Isso tudo pode ter desanimado um pouco o Lívio, quem sabe?

Por outro lado, ele não levava a vida como um homem desanimado. Era combativo, muito alegre, um militante político sobranceiro. Uma vez foi preso e o delegado perguntou – ele com o lado direito paralisado: "O senhor tem atividade política?". Ele respondeu com a cabeça em pé: "Na medida das minhas possibilidades".

Foi um advogado militante ativo e sempre se norteou pelos interesses sindicais apostando na sua formação ideológica. Como jornalista espalhou pela imprensa uma quantidade enorme de colaborações. Militou politicamente até certa altura da vida e, apesar da limitação física, nunca mediu as consequências dessa atividade. Por isso posso afirmar que ele não demonstrou inibição nem comodismo apesar de sua condição. Esteve primeiro no Partido Comunista, depois foi para a oposição trotskista. Passou por várias detenções e usou sempre a cultura política para análises muito agudas.

Feita esta pequena apresentação geral, gostaria de lembrar, como amigo, que Lívio possuía a grande vocação "socrática". Gostava de se realizar falando e essa talvez seja uma das explicações para entender por que ele não fazia tanta questão de escrever.

Eu me lembro de que, na Faculdade de Filosofia da Universidade de São Paulo, eu era um jovem assistente e representava os assistentes na congregação. Certo dia colocou-se lá a vinda de um professor francês para o Brasil, que tinha sido nosso professor, brilhantíssimo, mas que não escrevia quase nada, não tinha currículo. Então, os professores da faculdade reagiram: "Não pode, não tem currículo, não tem livros publicados". E eu protestei timidamente: "Nesse caso, Sócrates também não poderia ser contratado pela faculdade porque nunca escreveu livro nenhum".

Há certas pessoas que têm a vocação "socrática", que é a vocação da reflexão do ensino e do magistério pela fala e pelo exemplo, nisso a atividade do Lívio Xavier foi extraordinária: era um conversador admirável, de um encanto raro, mas muito diferente, por exemplo, de Mário Pedrosa, a quem era muito ligado.

Mário Pedrosa era vulcânico, borbulhante, tudo nele parecia vir de dentro para fora. Lívio era de fora para dentro. Assimilava o mundo, tinha as ideias dele e falava plácida, pausadamente, sempre com ironia e sempre sorrindo. A impressão que eu tinha é que ele gostava de disfarçar a grande cultura que possuía. Achava deselegante parecer que sabia tanto: ria, fazia uma observação sarcástica, uma piada e o que ia saindo era só sabedoria, só sabedoria.

A variedade dos assuntos sobre os quais conversava era enorme. Sobre o marxismo, por exemplo, falava com um conhecimento extraordinário, mas falava muito também sobre a vida social dos anos de 1920. Contava como eram as grã-finas no Rio naquele tempo, os casos de fulano com beltrano. Um assunto, por exemplo, de que ele era profundo conhecedor era o positivismo. Em moço frequentou a Igreja Positivista e por isso eu aprendi com o Lívio coisas fantásticas sobre a Religião da Humanidade.

Falava muito também sobre o Ceará: era o assunto predileto dele. Tenho a impressão de que, apesar das ideias de esquerda, tinha certa ternura pelo coronelismo cearense, pelos coronéis do Ceará, aquele mundo todo.

Aprendi demais com o Lívio. Vivia ouvindo o Lívio. Eu e muitos outros, e quando a gente o chamava de mestre ele dizia ríspido imediatamente: "Como dizia Capistrano de Abreu, não sou mestre de ninguém" – e passava adiante.

Acho que conheci Lívio pessoalmente ali pela altura de 1941, não tenho certeza. Talvez por intermédio de Paulo Emílio Sales Gomes. Já o conhecia de vista. São Paulo, naquele tempo, tinha um milhão de habitantes e todo mundo passava pelo Viaduto do Chá, era visto na Praça do Patriarca e na Praça da República. Via aquele homenzinho – ele era pequenininho, mínimo – arrastando o lado direito. Eu o via muito nos concertos do Theatro Municipal. Ficamos amigos imediatamente e passamos a ter uma convivência quase cotidiana, estávamos juntos todos os dias. Os nossos pontos de encontro mais conhecidos eram o Bar Hitler, um bar suíço encantador de dois andares na Rua Barão de Itapetininga. Você descia uma escada e chegava ao bar, que era também restaurante com uma cozinha boa e barata. Nos encontrávamos muito com o Lívio, no Hitler. Outro ponto de encontro nosso era a Leiteria Americana. Tomávamos as refeições lá, na Rua Xavier de Toledo, quase em frente ao apartamento dele. Íamos todos os dias à Livraria Cosmos e à Livraria Jaraguá, na Rua Marconi. A Livraria Jaraguá foi fundada em 1941, a Cosmos pouco antes, em 1939. Eu me encontrava muito com o Lívio nesses quatro lugares, e logo percebi o poço de sabedoria que era e aproveitei o quanto pude. A outra pessoa em relação à qual eu tive essa mesma atitude foi o Sérgio Buarque de Holanda. Dois homens por quem tive grande reverência, com quem aprendi muito, a quem perguntava muito e que me conduziam a um patamar muito elevado.

Aos poucos fui vendo do que ele gostava e o que sabia: uma quantidade de coisas. Mas tinha alguns temas preferidos e um deles era a Revolução Russa. A informação dele acerca da Revolução Russa era tanta que dava até a impressão de que tinha estado lá, entrado no Palácio de Inverno, tomado aquele negócio, dado uma bronca no Trotsky. Ele também gostava muito de Napoleão, dizia: "Napoleão foi o último grande destino da história". Sabia tudo sobre Napoleão. Gostava muito também do século de Luís XIV, conhecia a fundo teatro clássico: Corneille, Molière, La Fontaine, La Bruyère. Era muito francês de formação e gostava, é claro, de Stendhal. A grande mania dele era Stendhal. Esse ele conhecia de trás para diante e, sobre Stendhal, era inesgotável.

Tinha umas birras curiosas. Uma delas era Machado de Assis: não gostava de Machado de Assis, achava-o secundário, pernóstico, superficial, fiteiro. Não gostava. Uma vez, por volta da segunda metade dos anos 1950, na seção que ele tinha no suplemento do caderno do *Estado de S. Paulo*, "Revista das Revistas", comentando um texto de alguém que tinha escrito algo negativo sobre Machado de Assis, disse com um prazer extraordinário: "Sobre o homem Machado de Assis" e terminava assim: "Como se vê, o grande escritor era um bem pequeno homem"; não perdoava. Agora é interessante, no fim da vida voltou atrás, passou a admirar Machado de Assis e entregou os pontos, finalmente.

Sobre a Revolução Russa a informação dele era inesgotável. Tinha uma coleção de livros muito boa sobre ela, sobretudo aquelas publicações em francês dos primeiros tempos: panfletos, pequenos livros, coisas raríssimas.

Quando o conheci, Lívio Xavier não era mais um militante, não falava muito de política. Quando se falava de política diante dele dizia rindo: "Agora o que me interessa é a salvação da alma".

Fazia uma longa análise comparativa entre Lenine e Trotsky – na nossa geração pronunciávamos ainda Lenine, Staline. Da comparação entre os dois concluía pela evidente superioridade do Trotsky.

O que espantava na conversa do Lívio, além dos conhecimentos de história, literatura e política, era a grande informação sobre música e sobre os espetáculos, em geral. Falava disso com muito prazer e o que contava da vida artística do Rio no fim dos anos 1910, começo dos anos 1920, era extraordinário. Viu o Nijinsk dançar; a Karsavina, a Isadora Duncan; viu o Pablo Casals tocar; o Caruso cantar, e nos contava tudo isso.

O que me consolava muito nas conversas com o Lívio era o respeito que ele tinha pela ópera porque, naquele tempo, a ópera estava fora de moda, não era bom gostar da ópera, não era chique.

O Mário de Andrade tinha feito aquela obra notável no Departamento de Cultura, tinha criado o Quarteto Haydn, o Trio São Paulo, o Coral Paulistano. Tinha aberto o Theatro Municipal ao público, feito uma campanha muito grande contra a mania de tocar Chopin ao piano, contra as temporadas vulgares de ópera que aqueles empresários rotineiros, trazendo todo ano *Cavalaria Rusticana*, *Palhaço*, *Boemia*, sempre os mesmos cantores e espetáculos. Então, no meu tempo de rapaz, a ópera estava muito fora de moda e o público mais culto preferia sinfonias e música de câmara. O Décio Almeida Prado e eu adorávamos ópera. Então éramos alvo de um grande sarcasmo, nossos amigos nos gozavam, mas nós gostávamos de ópera, cantávamos ópera, íamos à ópera... Qual não é o meu prazer quando vejo que o Lívio Xavier também gostava de ópera, conhecia muito e fazia excelente crítica musical de ópera. Eu me lembro ainda de uma temporada de 1936, uma temporada pequena em que houve espetáculos muito bonitos, inclusive uma *Norma* cantada pela Gina Cigna e pela Ebe Stignani, ópera sobre a qual fez uma crônica muito bonita, dizendo: "No fundo é um grande dueto entre meio-soprano e soprano". Ou seja, num tempo em que nem se podia falar em Puccini, porque era feio, ele explicou longamente a importância de Puccini:

> O valor de Puccini é muito grande, não apenas porque nas óperas dele há uma adequação extraordinária da partituração dramática, mas por causa do conhecimento profundo, do conhecimento teórico. É um grande conhecedor de teoria musical.

Depois que eu me casei, o Lívio ficou muito amigo de minha mulher e nós nos encontrávamos sempre no centro da cidade. A partir daí ele passou a frequentar a nossa casa e ia sempre tomar chá aos domingos. Aí era muito bom porque nós morávamos com a minha mãe, que era só sete anos mais velha que o Lívio, que era dezoito mais velho que eu.

Minha mãe era do Rio, então os dois passavam as tardes lembrando: lembra disso, lembra daquilo? E a Besanzoni? E as festas da embaixada, da elegância da Laurinda Santos Lobo? As crônicas do Oscar Guanabarino? Minha mãe gostava muito de conversar com Lívio Xavier e ele adorava falar sobre o Rio de Janeiro daquele tempo.

Na altura de 1944 resolvemos aprender alemão, então fizemos um grupo de estudo, Lívio Xavier, Paulo Emílio Sales Gomes, Rui Coelho, Décio Almeida Prado e eu. As aulas eram no apartamento do Lívio e o nosso professor era um homem até eminente, o dr. Fritz von Ackermann, autor de uma tese da Universidade de Hamburgo sobre arte poética de Gonçalves Dias. Nós nos divertíamos mais do que aprendíamos. Ficamos uns dois ou três anos nisso, mas alemão mesmo não aprendemos, não. Deu apenas para soletrar alguma coisa: a gente soletrava, era divertido.

A partir de 1942 comecei a militar politicamente em pequenos grupos de oposição a ditadores, sobretudo na Faculdade de Direito. Não tinha tido atividade política nenhuma antes disso.

Naquele tempo era a ditadura do Estado Novo – a primeira ditadura – e eu pertencia a um grupo de rapazes liberais que foi se encaminhando para o socialismo. Havia no grupo alguns socialistas e nós colaborávamos com os companheiros liberais, tanto assim que "O Clandestino", que nós fundamos, era uma frente de resistência – havia os liberais e os socialistas – que chegou a tirar jornal. Quando veio a abertura democrática em 1945, nossos companheiros liberais foram para a UDN e nós, que éramos socialistas, fundamos a UDS – União Democrática Socialista – certos de que íamos empolgar as massas brasileiras com aquele socialismo inteligente, original. Mas as massas não vieram, infelizmente. Então passamos da União Democrata Socialista para a Esquerda Democrática e depois para o Partido Socialista Brasileiro. Em 1947 a Esquerda Democrática virou Partido Socialista Brasileiro.

O Lívio tinha simpatia por esse grupo, mas dizia uma coisa interessante, e que depois, pela vida afora, me calou muito: "Está muito bom, Partido Socialista, essa coisa toda, mas não pode haver agrupamento político de esquerda sem base operária, e vocês não têm base operária". Havia um amigo nosso, o poeta Afrânio Zuccolotto que, nesse tempo, era muito comunista. Nós nos encontrávamos num restaurante chamado Carlino, no Largo do Paissandu e ficávamos lá, brigando, stalinistas com socialistas. E saíamos brigando, mas amigos. Certa vez saindo dali fomos para a Praça da República onde havia um terreno baldio e uma construção com uma tabuleta dessas muito mal feitas, em que o "S" está grafado ao contrário, escrita assim: "Precisasse um operário", exatamente como também precisava o Partido Socialista Brasileiro. Então o Lívio dizia:

> Vocês não têm massa. O que vocês deviam fazer era entrar todos para o PTB, que é o Partido Trabalhista Brasileiro, porque eles têm massa, mas não têm teoria e vocês têm as ideias, têm a teoria, mas

não têm massa. Em vez de fazer esse grupo de idealistas sem consequência, deviam tentar entrar para o Partido Trabalhista porque, no Brasil, os partidos que têm massa operária são o Comunista e o Trabalhista.

Como havíamos nos formado na oposição ao Estado Novo, oposição a Getúlio Vargas, ficávamos chocados porque, para mim, o Partido Trabalhista era Getúlio Vargas, o ditador, de maneira que eu reagia muito.

Mas à medida que o tempo foi passando, não só o Partido Socialista se aproximou do Partido Trabalhista como antes da ditadura militar ambos estavam trabalhando muito juntos. O Partido Trabalhista estava se radicalizando e o Partido Socialista encontrou nos trabalhistas – nos companheiros trabalhistas – colaboradores muito bons e, se não tivesse havido o golpe de Estado de 1964, é possível que até acontecesse alguma coisa parecida com o que o Lívio Xavier, com sua grande capacidade de análise política, já tinha percebido. Pela vida fora tenho pensado muito nesse conceito do Lívio Xavier.

Em 1955 fui encarregado de fazer "O plano do Suplemento Literário de *O Estado de S. Paulo*", que começou a aparecer em 1956. O Décio Almeida Prado foi o diretor e o dirigiu de maneira exemplar durante cerca de dez anos. Nesse tempo, o Lívio Xavier tinha saído do *Diário de São Paulo* e estava trabalhando no *Estado de S. Paulo*. Então o Cláudio Abramo, de *O Globo*, me disse o seguinte: "Olha, o Lívio gostaria muito de fazer uma seção chamada 'Revista das Revistas'. Tem vontade de fazer uma coisa séria". Imediatamente incluí no meu plano "Revista das Revistas" e indiquei o nome do Lívio. E o Lívio, claro, passou a fazer "Revista das Revistas" de maneira perfeita durante todo o tempo que durou o suplemento. Digo isso, sobretudo pelo seguinte: vocês sabem quantos artigos do Lívio Xavier foram encontrados na "Revista das Revistas", num levantamento feito no suplemento? Quase quatrocentos! Quase quatrocentos! Eu imagino então o que haverá, disperso pelos jornais em que ele trabalhou a vida inteira! Quantos milhares haverá de crítica musical, de crítica literária, deve ser um manancial extraordinário de onde ele tirou alguns para publicar em seu livro de crítica literária *Elmo de Mambrino*. Mas e a crítica musical dele?

É preciso fazer aqui uma observação: o Lívio foi um mestre do artigo curto, coisa que não é fácil, porque um artigo jornalístico curto é um *suelto*, como se chamava antigamente, uma coisa efêmera, que acaba no dia seguinte em que foi escrito. É muito difícil fazer coisa permanente em artigo curto e o Lívio Xavier fazia. Exatamente, como fazia na França o grande Alain [Émile-Auguste Chartier, nota do revisor]. O Alain se imortalizou através de artigos curtos, reunidos em livros e mais livros sobre estética, política, filosofia. A impressão que eu tenho é que o gabarito preferencial do Lívio era a nota curta. Por isso as coisas que ele escrevia eram tão boas, porque conseguia concentrar ali matéria de primeira ordem. Para fazer uma nota curta em profundidade, crítica literária, por exemplo – e nisso eu posso dar palpite –, é preciso, em primeiro lugar, um golpe de vista certeiro. A pessoa pega o livro, lê, percebe se é bom ou ruim e justifica: é bom ou ruim por causa disso ou daquilo. Depois, é preciso que ela localize os pontos do livro que justifiquem esse golpe de vista e, em terceiro lugar, que tenha uma grande capacidade de síntese para que, aquilo que ainda está em fase analítica, possa se transformar em síntese. Finalmente, é preciso que esse conjunto de coisas esteja escrito de maneira clara. O estilo do Lívio era admirável, por isso ele foi um autor de artigos curtos nos quais dizia incomparavelmente mais do que muita gente em artigo longo.

Em 1947 a Myriam Xavier Fragoso – sobrinha do Lívio e minha amiga, aqui presente –, ele e eu vivemos juntos uma boa aventura. Resolvemos fazer uma viagem e então saímos pelo Brasil afora, por esse mundo de meu Deus. A meta era o Ceará, mas, pelo caminho, fomos indo. Primeiro Recife: andamos muito por Recife e depois partimos para o Crato, região do Cariri. Lá, fomos hospedados pelo coronel Filemon, de que a Myriam gostava muito, e lá, mesmo considerada a minha vida longa de octogenário interessado em coisas políticas, presenciei a expressão mais perfeita do coronelismo brasileiro. Eu mesmo venho de uma família de coronéis políticos do interior de Minas, conheço bem o assunto.

Estávamos hospedados num hotel ao lado da casa do coronel Filemon Teles, um homem encantador, muito simpático, que era o chefe político dali. Então o Lívio Xavier, na conversa, pergunta: "Coronel, o senhor é deputado?". Ele era deputado estadual e respondeu essa coisa fantástica, que deveria ser gravada com letra de ouro na entrada dos cursos de política pelo Brasil afora: "Não doutor, o meu sobrinho fulano de tal estava com muita vontade de ser deputado, então eu cedi esta legislatura a ele, volto na próxima". Ou seja, eleição, na verdade, não vale nada: são favas contadas. "O meu sobrinho estava com vontade de ser deputado." – Você lembra-se disso, Myriam? – "Ele estava com muita vontade de ser deputado e eu cedi a ele esta legislatura. Volto na próxima." Fui tão atingido por essa naturalidade da classe dominante em dispor da coisa pública, no Brasil, que, por associação, lembrei do que dizia um velho tio meu, chefe político de Minas: "Em eleição o único crime é perder".

Do Cariri fomos para Fortaleza, passamos o Natal na casa de Pedro Monteiro e Zé Xavier, depois fomos para Camocim, depois de Camocim para a Granja, a famosa Granja, terra do Lívio, objeto das memórias dele, e lá passei uma temporada com a família Xavier, numa casa patriarcal enorme encostada em armazéns e escritórios imensos. Naquele tempo, já havia pouca atividade no setor de extração da cera de carnaúba, não era mais o que tinha sido no tempo do pai do Lívio, que, a avaliar pela extensão, foi um importador e exportador de alto gabarito. Depois disso fomos de jipe para uma das cidades mais lindas do mundo que é Viçosa, na Serra de Ibiapaba. De lá fomos para Sobral. Em Sobral entramos na casa da família de Myriam, que não estava presente, estava na serra e, a casa, vazia. Então nós forçamos a porta e ficamos lá. Depois a Myriam, o Lívio e o primo deles voltaram para Granja e eu fui para o Piauí. As pessoas em Sobral me perguntaram: "O doutor tem negócio no Piauí, tem?". "Não tenho, não senhor." "Então o que vai fazer lá?" Eu passei de raspão pelo Piauí, na verdade fui para o Maranhão e voltei para São Paulo no fim de janeiro de 1958. Essa foi uma aventura inesquecível, a grande experiência que eu tive sobre a vida social-familiar do Nordeste brasileiro.

De 1958 a 1961 fiquei morando em Assis, no interior de São Paulo e perdi bastante o contato com o Lívio. Depois, passei uma temporada na Europa e só voltei em 1968.

No princípio do meu contato com o Lívio, a faculdade funcionava na Praça da República e depois passou para a Maria Antônia. Quando mudou para a Cidade Universitária, o convívio caiu muito porque a nossa amizade se dava principalmente no centro velho, era uma amizade da Praça da República, do Theatro Municipal, da Praça Ramos de Azevedo, dos concertos, da Livraria Jaraguá. O próprio Hitler acabou: ficaram com medo do nome alemão. Passou para a Xavier Toledo e virou Ritz para evitar a associação com o nazismo. Então, a partir de 1968 nosso convívio caiu muito e não era mais tão frequente quanto antes. Ele, inclusive, desabituou de ir lá em casa. Mais de uma vez combinou que ia nos visitar com a Myriam: ela ia e ele não. Dava as desculpas mais incríveis. Uma vez a Myriam chegou sozinha e disse: "O Lívio não pôde vir porque está fazendo o imposto de renda". Outra vez ela foi levando uns parentes: "O Lívio disse que não quer incomodar o professor". Acho que ele estava meio enjoado de mim, o fato é que nos encontramos relativamente pouco porque ele deixou de frequentar o centro, eu também, o centro acabou, e eu nem fiquei sabendo da morte do Lívio, anos depois: estava fora de São Paulo, no Rio de Janeiro.

Nessa altura, devo me desculpar com o moderador. Parece que falei muito mais do que o tempo inquirido, mas, assim, tive o prazer de dar um testemunho tanto quanto possível vivo sobre esse homem extraordinário, pouco conhecido que foi o Lívio Xavier. E, para se ter noção da importância dele, bastava ver o respeito com que era tratado pelo pessoal daquele tempo. Numa ocasião fomos ao Instituto Joaquim Nabuco, em Recife, visitar Gilberto Freyre. Então pude ver o Gilberto Freyre tratar o Lívio com extrema reverência. A mesma coisa aconteceu com o José Lins do Rego. Todo mundo tratava o Lívio assim. Quer dizer, tinham um respeito pela opinião dele, um respeito pela figura dele, uma coisa extraordinária.

Essa é, então, a minha impressão pessoal, o testemunho do que vi se passar naquele tempo, em torno da figura de Lívio Xavier.

Sobre a arte de guardar
Reflexões a respeito do acervo de Lívio Xavier

Da esquerda para direita, Lívio Xavier, Mario Pedrosa, Berenice Xavier (irmã), Mary Pedrosa e Mario Barreto Xavier. Cedem.

Capítulo 1
Na biblioteca de Lívio Xavier – lembranças de um jovem pesquisador

José Castilho Marques Neto

> "É uma face, um lado da loucura, talvez. De fato, não tenho razão alguma para guardar. Acho que sou apenas um arquivista."[1]

A austera cama de solteiro marca Patente dominava o minúsculo apartamento de quarto e sala na Rua Xavier de Toledo, centro de São Paulo, a poucos metros do Theatro Municipal. Em volta dela empilhavam-se livros que não cabiam nas estantes e cobriam todas as paredes. Viam-se também uma minúscula escrivaninha, uma cadeira de balanço e uma cadeira do tipo que se transforma em uma pequena escada. Um pequeno cabideiro, de tipo "arara", suportava dois paletós e algumas camisas. O ambiente era mais que austero, e os únicos ornamentos eram os poucos quadros a óleo que se percebia eram de alta qualidade artística. Completavam o mobiliário muitas caixas de papelão lotadas de papel. Uma vitrola portátil e alguns poucos álbuns *long-plays* de vinil com música clássica denotavam alguma transgressão no monástico apartamento deste homem que, solteiro, viveu nesse pequeno espaço a maior parte de seus 88 anos.

---

1 Lívio Xavier em entrevista ao jornal *O Estado de S. Paulo*, 1/7/1979.

Assim entrei, aos 33 anos e com o coração acelerado, no lar de Lívio Barreto Xavier. Corria o ano de 1986 e eu, finalmente, tomaria contato com documentos e guardados que inúmeros historiadores brasileiros e do exterior tentaram obter durante décadas. Conhecido por arquivar tudo que passasse por suas mãos e que considerasse importante, era sabido que seu quarto e sala guardava tesouros da história do movimento operário no Brasil e de sua extensa vida como militante de esquerda, advogado, jornalista, tradutor e escritor. Por esses cruzamentos que a vida nos proporciona, tive o privilégio de ser o primeiro pesquisador a entrar nesse restrito universo. Devo essa entrada à minha colega da Unesp, professora Myriam Xavier Fragoso, sobrinha e pessoa de confiança de Lívio que me convidou para ajudá-la a organizar as muitas caixas onde nosso personagem "arquivava" desde pequenos bilhetes de pessoas como Villa-Lobos ou Mário Pedrosa, até preciosos documentos que me ajudaram a esclarecer e provar como se constituiu o primeiro agrupamento de origem trotskista no Brasil em 1928.

Mas se o clima de filme *noir* do apartamento poderia denotar uma origem modesta aliada a uma vida introspectiva e regrada, o mesmo não se podia afirmar ao examinarmos a biografia de Lívio Xavier, de origem abastada e intensa vida intelectual e política sintonizada com as vanguardas de seu tempo.

Primeiro filho varão de Elisa Barreto Xavier e do coronel Ignácio Xavier, empresário de exportações e importações na firma mais importante da região, Lívio nasce na Granja, cidade do Ceará, em 25 de abril de 1900. Após cursar os primeiros estudos em sua cidade natal e em Fortaleza, muda-se para o Rio de Janeiro, onde faz o preparatório para a Faculdade de Direito da recém-criada Universidade do Rio de Janeiro. Antes de terminar o curso de Direito em 1924, sofre um derrame que lhe causa uma semiparalisia que atingiu quase todo o lado direito de seu corpo. O longo tratamento com o qual precisou reaprender movimentos, falar e escrever com o lado esquerdo não lhe tolheu os propósitos e ideais de vida e muito menos sua extensa capacidade intelectual e inteligência arguta que fez inúmeros seguidores notáveis como Paulo Emílio Sales Gomes, Décio de Almeida Prado e Antonio Candido de Mello e Souza, entre muitos outros. Por intermédio de Antonio Candido, fiquei sabendo da reverência que Gilberto Freyre e José Lins do Rego tinham para com Lívio Xavier, o que denota sua influência além da intelectualidade paulista.

Formado em Direito, passa a exercer a advocacia e logo se filia ao Partido Comunista do Brasil (PCB) em 1927. Deixa a agremiação um ano depois, após divergir publicamente com a direção partidária assinando um documento em que critica a falta de democracia interna do partido. A saída do PCB e suas relações de amizade e de pensamento com Mário Pedrosa, então residindo na Alemanha, torna-o o principal interlocutor do amigo que na Europa reforça os laços intelectuais e políticos com a chamada Oposição Internacional de Esquerda, agrupamento divergente da política imprimida por Josef Stalin na condução da Rússia Soviética e da Internacional Comunista após a morte de Vladmir Lenin e o banimento de Leon Trotsky, respectivamente líder inconteste do novo Estado e comandante supremo do Exército Vermelho na Revolução Russa de 1917.

Esse início de militância na esquerda oposicionista, seguindo posteriormente as orientações de Leon Trotsky em pleno movimento de afirmação do que viria a ser conhecido como o fenômeno do "stalinismo", marca profundamente a vida intelectual e militante do jovem advogado então com 28 anos. Junto com Mário Pedrosa, Rodolpho Coutinho, João da Costa Pimenta, Aristides Lobo, Plinio Mello e outros companheiros, funda os primeiros agrupamentos que mais tarde viriam a ser conhecidos como "trotskistas". Em 1928 é um dos principais dirigentes do Grupo Comunista Lenine (GCL) e, posteriormente, em 1931, da Liga Comunista Internacionalista (LCI).

Da esquerda para direita Líxio Xavier, Aristides Lobo e Raquel de Queirós. Cedem. Fundo Lívio Xavier. Autor desconhecido.

Rodolpho Coutinho, o terceiro da direita para esquerda, Lívio Xavier, o último à direita e desconhecidos. Cedem. Fundo Lívio Xavier. Autor desconhecido.

Estudioso, leitor em vários idiomas, Lívio manteve correspondência, além de Mário Pedrosa, com o dirigente oposicionista francês Pierre Naville, reforçando suas posições anti-stalinistas. No período que se inicia em 1925 e se estende até 1935, foi o principal parceiro de Mário Pedrosa, que, além de seu amigo, o tinha como interlocutor em vários campos do conhecimento além da política, como a arte, a música e os movimentos culturais daquele período. Juntos, publicaram em 1931 o que se considera a mais consistente análise marxista sobre a formação social do Brasil naquela conjuntura, superando as análises do PCB, intitulada *Esboço de uma análise de evolução econômica do Brasil.*

Tradutor de *Minha vida*, de Trotsky, foi, por decisão do revolucionário russo, o responsável pela edição de todas as suas obras no Brasil. Em 1935 resolve abandonar a militância partidária para não mais regressar até sua morte, em dezembro de 1988.

Como advogado, milita principalmente na área trabalhista, atuando no Sindicato dos Jornalistas, dos Ferroviários da Sorocabana e dos Gráficos, desde os anos 1930 até sua aposentadoria, como procurador da Justiça do Trabalho.

Sua extensa contribuição jornalística no campo da crítica alçou-o ao patamar de "mestre da crítica literária" no jornalismo, como era considerado, tendo trabalhado em alguns órgãos de imprensa, fixando-se em *O Estado de S. Paulo*, no qual edita por muitos anos a coluna "Revista das Revistas". Publica *Infância na granja*, livro em que narra sua infância em conversa com seu amigo Francisco Luiz de Almeida Salles, *Dez poemas*, coletânea de poesias, *O elmo de Mambrino*, coletânea de críticas, e *Tempestade sobre a Ásia*, este em 1934, sob o pseudônimo de L. Mantsô, abordando problemas da revolução em países asiáticos.

Além de escritor, foi um tradutor de obras importantes e referenciais, como um compêndio da *Enciclopédia das ciências filosóficas*, de Hegel, em 1936; *O príncipe* e *Escritos políticos*, de Maquiavel; *Ética*, de Espinosa, entre muitos outros.

Se a sua atividade como tradutor denota o ecletismo de sua atividade intelectual, esse mesmo ecletismo é fartamente demonstrado em sua biblioteca, na qual o estudo da política e do marxismo harmoniza-se com um rico acervo de literatura, filosofia e estética. Os livros de sua biblioteca, adquirida pela Unesp e depositada no Cedem, somam 4.038 títulos dos quais se destacam 354 primeiras edições, 71 edições autografadas por grandes escritores brasileiros, além de 233 títulos dos séculos XVIII e XIX. Há uma diversidade de temas e assuntos nessa rica e vanguardista biblioteca que antecipou em décadas traduções que só aconteceram no Brasil a partir dos anos 1980. Com 70% dos títulos em francês e 30% em português, inglês, espanhol, italiano e alemão, a biblioteca contempla literatura e poesia, história, crítica literária, filosofia, direito, biografias, memória, psicologia, psicanálise, antropologia e sociologia. Com forte e selecionado número de títulos de literatura brasileira e francesa, a biblioteca ostenta obras completas de Charles Baudelaire, Sainte-Beuve, André Gide, Goethe, Marcel Proust, Paul Valéry, Stendhal e Marquês de Sade.

Mais de cem títulos de obras seminais do marxismo do século XX também marcam a biblioteca de Lívio. Desde obras de Marx, Engels, Lenin, Trotsky, Rosa Luxemburgo, Gramsci, quase todos em francês, até títulos de autores marxistas que analisaram a Revolução Russa e seus desdobramentos em suas primeiras edições originais dos anos 1950 e 1960.

Adentrar esse apartamento tão peculiar e frequentá-lo durante mais de três anos em visitas semanais proporcionou-me uma formação ímpar. Para o objeto de minha tese de doutorado, que pesquisou Mário Pedrosa e as origens do trotskismo no Brasil, eu praticamente não tinha que me mover para nenhum outro espaço ou biblioteca, como o fizera até adentrar o quarto e sala mais impactante que conheci. Se eu necessitava de uma fundamentação teórica do marxismo ou se buscava um argumento que esclarecesse um determinado posicionamento histórico dos desdobramentos da luta entre Stalin e Trotsky, eu o encontrava nas estantes de Lívio.

Somem-se a essa confortável e incentivadora situação bibliográfica em que me encontrava as descobertas constantes de documentos, revistas, panfletos, boletins e, mais que tudo isso, as famosas cartas de Mário Pedrosa a Lívio Xavier, consideradas desde então a base da trama que teria criado o primeiro agrupamento trotskista no Brasil. Graças ao conjunto dessa biblioteca e dos documentos encontrados, eu pude comprovar a tese de que, ao contrário da idílica versão de "jovens marxistas influenciados pelos oposicionistas franceses por intermédio das cartas de Pedrosa a Lívio e companheiros", o que de fato deu origem à dissidência em oposição ao PCB foi uma persistente e sólida leitura e discussão de revistas como *La lutte des classes* e *Clarté*, entre outras, pelos jovens Lívio e Mário desde o início dos anos 1920, muito antes do ingresso de ambos nas fileiras do PCB em 1927. A essas leituras críticas dos rumos da jovem Revolução Russa seguiram-se correspondências com as lideranças dessas revistas e movimentos, fazendo crescer lenta, mas de maneira firme, a decisão de romperem com os dirigentes do Partido Comunista russo e brasileiro e, em consequência, com as orientações da III Internacional. A estadia de Mário Pedrosa na Alemanha e França de 1927 a 1929 apenas aprofundou convicções que já se construíam nele e em Lívio antes da famosa viagem à Escola Leninista em Moscou. Os documentos e as publicações dos jovens oposicionistas brasileiros encontrados nas inúmeras caixas de papelão nas quais Lívio depositava sem qualquer ordem ou critério todo esse material tornaram possível a reconstrução do percurso militante e intelectual dos principais líderes dos primeiros trotskistas brasileiros e derrubaram de vez a versão conspiratória de que esses movimentos anti-stalinistas originários seriam fruto de mera influência de militantes europeus.

Do conteúdo desse incrível acervo de livros e documentos, eu extraí os argumentos centrais de minha tese de doutorado. Dos muitos e muitos dias vividos naquele apartamento-biblioteca, sentado na mesma cadeira modesta, escrevendo na ainda mais modesta escrivaninha de meu anfitrião ausente, eu extraí outra reflexão que me fez compreender melhor o espírito de uma geração marcada pelos ideais e pela força propulsora da Revolução Russa de 1917. A austeridade do ambiente e os móveis franciscanos eram coerentes com a vida que levavam como revolucionários – "proletariado do espírito" –, marcada pelas constantes perdas materiais e emocionais. Foram várias as gerações daquele período histórico que cresceram iluminados pelo "farol libertador" da revolução proletária e socialista na Rússia, sendo todos esmagados continuamente pelo oligárquico Estado brasileiro. Prisões e fugas constantes e sequestro de bens, além de imóveis inteiros deixados para trás pela necessidade de evadirem-se da polícia política, devem ter sido responsáveis pelo apurado refinamento em saber da importância real de cada coisa em nossas vidas. Junto com a longa estadia no apartamento de Lívio, tive a oportunidade de conhecer pessoalmente Mário Pedrosa, Fúlvio e Lélia Abramo, Plínio Mello, Edmundo Moniz e sempre os vi bem situados no modesto apartamento de Lívio porque todos igualmente tinham casas modestas, porém sofisticadas pelas artes e pelas pequenas bibliotecas que acumularam em anos de resiliência.

Dessa geração de revolucionários tudo lhes foi tirado – liberdades, cidadania, convívio amoroso com pares e família, bens móveis e imóveis –, menos aquilo que para eles era essencial e que não lhes podia ser retirado: o conhecimento e a incrível capacidade de crítica e resistência. Elementos em falta nos dias de sombra deste ano em que se homenageia Lívio Barreto Xavier, mestre dos mestres de minha geração.

São Paulo, 1 de agosto de 2017.

Nota do autor: Para melhor conhecimento das questões políticas e históricas aqui tratadas recomendo a leitura de *Solidão revolucionária – Mário Pedrosa e as origens do trotskismo no Brasil*, de minha autoria, publicado pela Editora Paz e Terra em 1993. E também o recente livro de Dainis Karepóvs, *Pas de politique Mariô*, publicado pela Ateliê Editorial e Fundação Perseu Abramo.

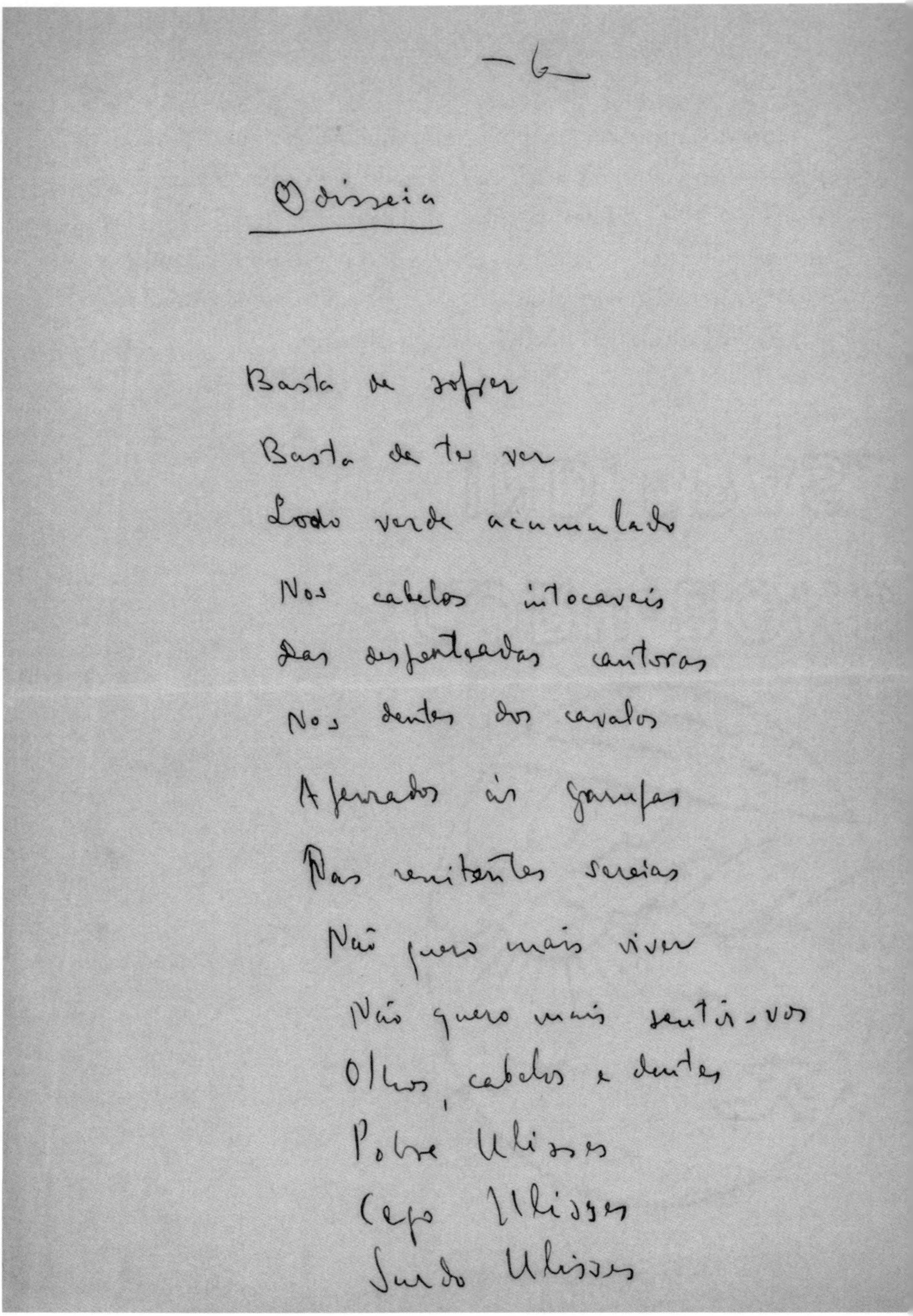

— 6 —

Odisseia

Basta de sofrer
Basta de te ver
Lodo verde acumulado
Nos cabelos intocaveis
Das despenteadas cantoras
Nos dentes dos cavalos
Aferrados às garupas
Das renitentes sereias
Não quero mais viver
Não quero mais sentir-vos
Olhos, cabelos e dentes
Pobre Ulisses
Cego Ulisses
Surdo Ulisses

Manuscrito do poema "Odisseia", de Lívio Xavier, presente no livro *Dez poe*
Cedem. Fundo Lívio Xa

Capítulo 2
Arquivos pessoais de escritores

Elisabete Marin Riba

> O escritor não é esta mônada isolada que poderia reivindicar para ele só o que produz; como todos, é o resultado de uma série de desejos escalonados sobre várias gerações e o fruto de um momento cultural preciso.
>
> Philippe Willemart (1993, p.26)

Num contexto em que o discurso sobre a memória está cada vez mais presente,[1] a pesquisa em acervos documentais de escritores adquire um papel vital como mais um instrumento para os estudos literários. O presente texto busca resgatar conceitos já discutidos em análises precursoras sobre arquivos pessoais de escritores – também chamados, em alguns momentos, de arquivos literários –, retomando brevemente as especificidades dos arquivos pessoais, bem como as particularidades dos arquivos de escritores. Além disso, pretende-se questionar se esses acervos servem apenas aos estudos de literatura ou se a voz de um indivíduo titular de um conjunto

1 Um dos teóricos que nos alerta para tal fenômeno é Andreas Huyssen, em seu livro *Culturas do passa-presente: modernismo, artes visuais, políticas da memória* (2014) e em *Seduzidos pela memória* (2000).

documental é um eco solitário ou o coro de uma coletividade múltipla, complexa e impressionante como toda coletividade deve ser.

Um breve excurso à roda dos arquivos pessoais

É útil lembrar que na raiz da designação *arquivos de escritores* está o seu pertencimento a uma categoria de arquivos classificados como *arquivos pessoais*; estes, por sua vez, segundo Heloísa Liberalli Bellotto, remontam ao conceito de *arquivos privados*. Recordemos essa definição:

> A conceituação de arquivos pessoais está embutida na própria definição de arquivos privados, quando se afirma tratar-se de papéis produzidos/recebidos por entidades ou pessoas físicas de direito privado. O que se pode aqui especificar é que, sendo papéis ligados à vida, à obra e às atividades de uma pessoa, não são documentos funcionais e administrativos no sentido laboral. São papéis ligados à vida familiar, civil, profissional e à produção política e/ou intelectual, científica, artística de estadistas, políticos, artistas, literatos, cientistas etc. (Bellotto, 2006, p.256)

Com isso, temos resumidas algumas das principais características dos arquivos pessoais – ou de pessoas –, dentre elas (i) a multiplicidade de documentos aí acumulados, que remetem às (ii) diversas funções que cada indivíduo desempenha durante a sua vida. Isso faz desses conjuntos um instigante *corpus* de pesquisa para estudiosos e interessados, além de um desafio constante para a equipe técnica que os classifica e descreve. Nesse sentido, Angela de Castro Gomes nos alerta para as tentações e os perigos que os arquivos pessoais guardam para aqueles que neles decidem imergir:

> Este é o grande feitiço do arquivo privado. Por guardar uma documentação pessoal, produzida com a marca da personalidade e não

> destinada explicitamente ao espaço público, ele revelaria seu produtor de forma "verdadeira": aí ele se mostraria "de fato", o que seria atestado pela espontaneidade e pela intimidade que marcam boa parte dos registros. A documentação dos arquivos privados permitiria, finalmente e de forma muito particular, dar vida à história, enchendo-a de homens e não de nomes, como numa *histoire événementielle*. Homens que têm a sua história de vida, as suas virtudes e os defeitos que os revelam exatamente nesse tipo de material. (Gomes, 1998, p.125)

Um pesquisador pode ser ludibriado pelo efeito de suposta "verdade absoluta" promovido por um eu arquivado e representado em papéis amealhados no decorrer de uma vida, a construir uma narrativa enviesada pelo ponto de vista do titular da documentação. Para fugir desse "feitiço" ilusório, é essencial que tanto o pesquisador de arquivos pessoais quanto a equipe técnica que os processa estejam atentos a algumas premissas básicas que Ana Maria Camargo salienta em "Arquivos pessoais são arquivos":

> [...] os documentos acumulados por indivíduos ao longo de sua existência nem sempre são tratados de modo coerente com a teoria arquivística, depois que ingressam em entidades de custódia. [...] O recurso ao pleonasmo [arquivos pessoais são arquivos], portanto, adverte para a necessidade de submeter tais documentos à abordagem própria dos arquivos, em benefício das pesquisas que, sob diferentes ópticas, deles se alimentam. (Camargo, 2009, p.29)

A partir dessa perspectiva, vamos nos debruçar sobre algumas especificidades dos arquivos pessoais de escritores que desafiam e seduzem a quem os busca. Começaremos com uma sucinta enumeração de locais que se tornaram referências na guarda de arquivos de escritores, passando, em seguida, para uma revisão de estudos sobre o tema arquivos pessoais de escritores.

Arquivos pessoais de escritores – instituições de salvaguarda e produção bibliográfica

No Brasil, contamos com um número significativo de instituições que se dedicam à salvaguarda de arquivos pessoais – em especial, de arquivos pessoais de escritores. É importante mencionar algumas delas e contextualizar a consistente experiência brasileira, tal como avaliada por Angela de Castro Gomes:

> [...] se o Brasil não se adiantou ao mundo, como a megalomania de nossa cultura política gosta de propagar, também não andamos à velocidade de carroça de boi, como o não menos forte sentimento de atraso e inferioridade colonial também gosta de assinalar. Andamos: constituindo e nos encantando com nossos arquivos privados; viajando para o exterior em busca de outros; abrindo os nossos arquivos aos pesquisadores estrangeiros, que não foram poucos nem de pouco mérito. (Gomes, 1998, p.124)

As palavras da historiadora ecoam dos fins da década de 1990. Passados cerca de vinte anos, ficamos satisfeitos em ver que continuamos andando a passos largos e construindo uma bela história no domínio dos arquivos privados. Em relação às instituições voltadas ao trabalho com arquivos pessoais de escritores, selecionamos algumas a serem lembradas, em ordem cronológica de suas datas de fundação. São elas:[2]

---

2 É importante destacar que o presente levantamento é puramente ilustrativo, não impondo qualquer classificação quanto à relevância das instituições e, inevitavelmente, não abrangendo todos os centros de referência em estudos de arquivos de escritores, pois deixa de fora especialmente as suas casas-museus. Justifica-se que o Cedem-Unesp não seja destacado: a importância do seu acervo é testemunhada por este livro, cuja "Apresentação" faz as devidas exposições de suas características, bem como a importância de seus trinta anos de história.

Instituto de Estudos Brasileiros (IEB-USP)

Criado em 1962 por Sérgio Buarque de Holanda, o Instituto de Estudos Brasileiros da Universidade de São Paulo (IEB-USP) tem como desafio fundador a reflexão crítica sobre a sociedade brasileira por meio da articulação de diferentes áreas das humanidades. Grande parte da pesquisa aí desenvolvida emerge dos documentos-fonte que compõem o seu acervo quase integralmente dedicado ao Brasil. Vale destacar que o Arquivo do Instituto foi criado posteriormente, quando da chegada do arquivo de Mário de Andrade.[3]

Atualmente, o Arquivo do IEB guarda fundos pessoais de grandes escritores: além do já mencionado Mário de Andrade, somam-se os nomes de Graciliano Ramos, João Guimarães Rosa, Valdomiro Silveira, Osman Lins, Odette de Barros Mott, Afrânio Zuccolotto, Fernando Mendes de Almeida, Lupe Cotrim Garaude, Renato Castello Branco e Mário Chamie, além de coleções dedicadas a outros escritores brasileiros como Rachel de Queiroz e Carlos Drummond de Andrade.

Arquivo-Museu de Literatura Brasileira

A Fundação Casa de Rui Barbosa abriga desde 1972 o Arquivo-Museu de Literatura Brasileira. Segundo o guia da instituição, "sua criação atendia a um apelo de Carlos Drummond de Andrade que, em sua coluna do *Jornal do Brasil* de 11 de julho de 1972, lamentava a falta de um museu de literatura como defesa contra as perdas da nossa história literária" (Arquivo-Museu..., 2012, p.819).

Como o próprio nome indica, o Arquivo-Museu realiza a guarda de arquivos pessoais de escritores e de objetos que representam seus titulares. Nos dias atuais, abriga documentos de mais

3 Informações retiradas do Guia do IEB (2010).

de uma centena de escritores brasileiros, incluindo o arquivo de Carlos Drummond de Andrade, a quem podemos considerar uma espécie de cofundador da instituição.

Centro de Documentação Cultural Alexandre Eulalio (Cedae-Unicamp)

O Centro de Documentação Cultural Alexandre Eulalio (Cedae), na Unicamp, foi nomeado em homenagem ao primeiro conjunto documental ali depositado. Inaugurado em 1984, ele tem como missão:

> [...] organizar e conservar materiais produzidos em pesquisas e projetos realizados pelos docentes do Instituto [de Estudos da Linguagem – IEL] e, também, de contribuir para o desenvolvimento desses projetos por meio da preservação de documentos de interesse à pesquisa nas áreas de literatura e linguísticas brasileiras.[4]

Não por acidente, seu primeiro acervo foi o do professor Alexandre Eulalio, docente do IEL-Unicamp, e depois dele chegaram outros como os de Oswald de Andrade (que ajuda a inaugurar as atividades do Cedae), Bruno Tolentino, Cyro Pimentel, Guilherme de Almeida, Hilda Hilst, Menotti Del Picchia, Modesto Carone e Monteiro Lobato.

Instituto Moreira Salles (IMS)

Com setor especialmente dedicado à Literatura, desde 1994 o acervo do IMS vem colecionando grandes nomes das letras brasileiras.

---

4 Confira: <http://www3.iel.unicamp.br/cedae/formacao_acervo.php>, acessado em 15/1/2017, às 18h19.

O acervo hoje é composto por 25 nomes, tendo se originado com a chegada do arquivo do jornalista e escritor Otto Lara Resende. Junto a ele, encontram-se Érico Veríssimo, Rachel de Queiroz, Mário Quintana, Lygia Fagundes Telles, Clarice Lispector, Paulo Mendes Campos, Ana Cristina Cesar, entre tantos outros.

Segundo o site da instituição,

> [...] nem todos são rigorosamente do campo das letras: ao lado de escritores como Érico Verissimo, Rachel de Queiroz e o poeta Mário Quintana, e de conjuntos de naturezas diversas, encontra-se o acervo do ator Paulo Autran, em que se destacam saborosos relatos de sua vida profissional e afetiva, alguns ainda inéditos. Somado ao do crítico teatral Décio de Almeida Prado, esse arquivo oferece toda uma história do teatro brasileiro moderno.[5]

Entretanto, a flexibilização quanto à classificação nos convida a pensar na multiplicidade de funções de uma vida presente nos arquivos pessoais, que, no caso do IMS, receberam destaque pela escrita, seja ela praticada no jornalismo, no teatro ou na tradicional literatura feita pelos prosadores e poetas de nossa língua.

Arquivo dos Escritores Mineiros (UFMG)

Localizado dentro da Universidade Federal de Minas Gerais (UFMG), o acervo tem reunido documentos, livros e objetos de alguns de nossos escritores mineiros. Wander Melo Miranda, ex-professor de Teoria da Literatura da UFMG e ativo colaborador do arquivo, conta o início da empresa:

---

5 Confira: <http://www.ims.com.br/ims/explore/acervo/literatura>, acessado em 15/1/2017, às 10h10.

> Os acervos estão alocados no Centro de Estudos Literários (CEL), órgão complementar da Faculdade de Letras da UFMG, desde dezembro de 2007, tendo funcionado inicialmente como núcleo de pesquisa a partir de agosto de 1989. O objetivo do CEL consiste na captação, organização, preservação e pesquisa de acervos literários, disponibilizando-os para consulta e estudos de pesquisadores e da comunidade em geral. Visa ainda a promover pesquisas de literatura brasileira e de outras literaturas, segundo perspectivas de ordem cultural e interdisciplinar, bem como desenvolver e divulgar técnicas de investigação para o aprimoramento de estudos no campo cultural, artístico e literário. (Miranda, 2009, p.74)

Segundo o pesquisador, a composição do acervo é

> [...] fruto da generosidade de familiares e amigos que doaram livros, manuscritos, fotos, quadros, mobiliário e objetos pessoais de Henriqueta Lisboa, Murilo Rubião, Oswaldo França Júnior, Cyro dos Anjos, Abgar Renault, Octavio Dias Leite, Wander Piroli, Fernando Sabino. Há ainda coleções especiais de Aníbal Machado, Alexandre Eulalio, José Oswaldo de Araújo, Valmiki Vilela Guimarães, Genevieve Naylor, Ana Hatherly e José Maria Cançado. São cerca de 30 mil livros e 27 mil documentos. (ibid., p.74)

Por encontrar-se inserido em uma universidade, o Arquivo dos Escritores Mineiros conta com equipe interdisciplinar e especializada, e dá origem a profícua produção acadêmica que toma como objeto a sua documentação. Mais adiante nos aprofundaremos nesta questão.

Espaço de Documentação e Memória Cultural (Delfos-PUCRS)

O Espaço de Documentação e Memória Cultural da PUCRS recebeu o nome de Delfos. Segundo o site da instituição:

> O Espaço de Documentação e Memória Cultural da PUCRS recebeu o nome Delfos exatamente por abrigar diversos tesouros. No Delfos é possível encontrar documentos referentes às áreas de Letras, Artes, Jornalismo, Cinema, História e Arquitetura. O espaço abriga raridades, como originais de livros, correspondências de autores escritas de próprio punho, fotografias, documentos pessoais, como óculos e vestimentas, livros com anotações particulares, plantas de arquitetura, jornais antigos, documentos a respeito da imigração alemã no Rio Grande do Sul, quadros, entre outros.[6]

Inaugurado em 2008, novamente vemos que o recorte de seleção do Delfos-PUCRS é regional, assim como ocorre no Arquivo dos Escritores Mineiros, da UFMG. Além disso, destaca-se, em seu acervo e em suas atividades, a atenção à área literária. Uma marca interessante é a pré-classificação de seu acervo, apresentado conforme a seguinte subdivisão: (i) escritores e jornalistas; (ii) coleções e colecionadores; (iii) arquivos históricos e historiadores; e (iv) arquitetos. Ou seja, o centro também destaca seus acervos a partir da principal função desempenhada pelos titulares dos conjuntos documentais nele depositados. Ali encontram-se acervos de escritores como Moacyr Scliar, Dyonélio Machado, Caio Fernando Abreu, Celso Pedro Luft e Luiz de Miranda.

6 Confira: <http://www.pucrs.br/delfos/?p=apresent>, acessado em 15/1/2017, às 12h26.

Centro de Documentação e Apoio à Pesquisa (Cedap-Unesp)

Com o jovem e ativo Cedap, da Unesp, chegamos ao fim do elenco aqui selecionado. O centro reforça uma longa tradição de guarda de acervos e apoio à pesquisa patenteada pelos cursos existentes no câmpus de Assis da Unesp. Segundo o site da instituição:

> Inicialmente, o Cedap era visto como lugar de memória e, sobretudo, espaço propiciador das condições necessárias às atividades desenvolvidas na Faculdade de Ciências e Letras, câmpus de Assis, relacionadas à pesquisa.[7]

Com o passar do tempo e a incorporação de novos e importantes acervos, o Cedap transformou-se numa unidade auxiliar na Unesp e, com isso, "também passou a desenvolver atividades atinentes ao ensino e à extensão universitária, em âmbito geral, e específicas ao seu perfil, na área dos bens culturais e acervos".[8] Sob sua guarda, destacam-se os arquivos pessoais de João Antonio, Nilo Odália e do crítico literário Alceu Amoroso Lima.

Produção bibliográfica

Não é gratuito que desses grandes centros origine-se significativa bibliografia sobre arquivos literários.[9]

---

7 Confira: <http://www.assis.unesp.br/#!/cedap---centro-de-documentacao-e-apoio-a-pesquisa/cedap---centro-de-documentacao-e--apoio-a-pesquisa/historico>, acessado em 15/1/2017, às 20h05.

8 Confira: <http://www.assis.unesp.br/#!/cedap---centro-de-documentacao-e-apoio-a-pesquisa/cedap---centro-de-documentacao-e--apoio-a-pesquisa/historico/>, acessado em 15/1/2017, ás 20h05.

9 No intuito de elencar algumas das principais referências da área, sejam elas instrumentos de pesquisa ou ilustrativo referencial teórico

No IEB-USP,[i] sob a regência dos professores Cecília de Lara, Marcos Antonio de Moraes, Telê Ancona Lopes e Yedda Dias Lima, foram produzidos textos de referência na área, além de guias, catálogos e inventários dos arquivos de escritores, como os de Mário de Andrade, Graciliano Ramos e João Guimarães Rosa. Atualmente, os estudos de epistolografia do IEB têm tido destaque nacional e internacional, e a Coleção Correspondência de Mário de Andrade permanece publicando as cartas do autor. Destacam-se ainda os trabalhos de edição crítico-genética de manuscritos.

Do Arquivo-Museu de Literatura Brasileira, sob a coordenação das professoras Eliane Vasconcellos, Laura Regina Xavier e Rosely Curi Rondinelli, temos, além de livros e artigos de referência na área, a Coleção Inventários Analíticos, que foram inicialmente "publicados para melhor divulgar [o] acervo" (Guia..., 2012, p.13). Atualmente estão publicados os inventários dos arquivos de: Thiers Martins Moreira, Augusto Meyer, Manuel Bandeira, Lúcio Cardoso, Clarice Lispector, Vinícius de Moraes, Carlos Drummond de Andrade, Pedro Nava e Antônio Sales.

O IMS nos presenteia com a coleção Cadernos de Literatura Brasileira, em que a documentação dos escritores mescla-se com ensaios sobre a vida e a obra do homenageado do volume. A coleção permite mesmo que os escritores homenageados não façam parte do acervo do IMS, como são os casos dos números dedicados a Euclides da Cunha e João Guimarães Rosa.[ii]

Do Arquivo dos Escritores Mineiros da UFMG destaca-se a profícua parceria do centro documental com a Editora da Universidade. Em geral coordenadas pelos professores Eneida Maria de Souza, Reinaldo

---

produzido a partir de reflexões e experiência dos centros de documentação e arquivos aqui elencados, os títulos e seus respectivos autores e organizadores estarão em parte destacados nas notas finais do presente capítulo.

Marques, Leandro Garcia Rodrigues e Wander Mello Miranda, as obras publicadas surpreendem pela qualidade e quantidade. Citamos, ao final, alguns títulos que surgiram desse trabalho diário.[iii]

O Cedae, na Unicamp, investe na publicação de guias e catálogos de seu acervo, impressionando pela agilidade da disponibilização desses instrumentos de pesquisa (o primeiro catálogo da instituição foi publicado em 1990, apenas seis anos após a criação do centro de documentação).[iv]

No Delfos-PUCRS, há também grande produção acadêmica, além de série própria do Espaço de Documentação e Memória Cultural.[v]

No Cedap, apontamos não só as inúmeras publicações acadêmicas oriundas de seu acervo, mas também a revista *Patrimônio e Memória*, principal veículo de divulgação de suas atividades:

> O Centro veicula a produção científica por intermédio de livros resultantes de seus encontros – que já se tornaram referência – e de sua revista eletrônica *Patrimônio e Memória*, já em sua 15ª edição, voltada à reflexão dos bens culturais e temas afins, sob a responsabilidade dos Departamentos de História e de Literatura. No campo da produção de conhecimentos, os eventos científicos realizados no âmbito do Cedap propiciam debates sobre diferentes aspectos que envolvem a memória, em seus diferentes suportes, os caminhos possíveis, significados e perspectivas futuras.[10]

Vale reiterar o que já foi apontado: todas as instituições aqui referidas são produtivos espaços de desenvolvimento de pesquisas acadêmicas, gerando a mais diversa gama de produção intelectual – artigos científicos, monografias, dissertações, teses etc. – e

---

10 Confira: <http://www.assis.unesp.br/#!/cedap---centro-de-documentacao-e-apoio-a-pesquisa/cedap---centro-de-documentacao-e--apoio-a-pesquisa/historico/>, acessado em 15/01/2017, às 20h16.

cultural, atendendo órgãos da imprensa, artistas plásticos, cineastas, roteiristas, cenógrafos, fotógrafos, bailarinos, atores, designers e estilistas que buscam, a partir dos acervos ali depositados, inspiração para expressões nas mais variadas linguagens artísticas. Apenas quem está inserido cotidianamente no trabalho com essas instituições compreende o amplo – e até idiossincrático – leque de solicitações de apoio à pesquisa e informações ao público geral que diariamente lhes são demandadas.

Por fim, é importante assinalar que todas as instituições aqui apresentadas mantêm disponíveis guias, inventários e catálogos *on-line*, os quais procuram aproximar o pesquisador e ampliar e democratizar seus acessos. Como se pode ver, corroborando as palavras inicias de Angela de Castro Gomes, caminhamos muito.

Arquivos pessoais de escritores – características e conteúdo

Depois desse percurso preliminar no qual relembramos instituições, bibliografia e especialistas que se dedicaram aos arquivos pessoais de escritores, vale perguntar: o que pode eventualmente diferenciar o arquivo pessoal de um profissional dedicado à literatura de arquivos daqueles dedicados a outros ofícios? Em outras palavras: o que torna o arquivo do escritor tão diferente dos arquivos pessoais de políticos, geógrafos, biólogos, cientistas, antropólogos, pintores e tantos outros profissionais?

Com fins de explorarmos as especificidades dos arquivos pessoais de escritores, faremos isso distinguindo quatro aspectos.

Predominância da acumulação

Em geral o arquivo de escritor tem potencialmente mais documentos relacionados à sua produção literária. Quais são esses materiais? Versões germinais de manuscritos e datilografados de obras editadas, notas de leitura, exercícios de criação literária, planos e esquemas, listas e mais listas de palavras que demarcarão o tempo, espaço, enredo e caracterização de personagens que ilustrarão romances, poemas, contos e tantos outros gêneros literários. Estamos aqui no espaço dos "bastidores da criação literária".

Mesmo documentos tradicionalmente presentes em qualquer tipo de arquivo pessoal, como cartas, fotografias, artigos de periódicos, notas fiscais, diários e cadernos de estudo, estão contaminados pelo interesse do escritor e seu comprometimento com o fazer literário. Será por meio das cartas, por exemplo, que poderemos mapear suas relações sociais, mas a ênfase inevitavelmente recairá nas interlocuções com outros escritores e profissionais de Letras, tais como editores e a crítica literária jornalística. O mesmo ocorrerá com as fotografias, que estarão marcadas por locais, amigos e eventos ligados à Literatura. As aparentemente inofensivas notas fiscais que retratam operações financeiras poderão remeter a livros comprados pacientemente durante toda uma vida, os quais influenciarão o ofício literário de seu comprador. Nos arquivos pessoais, em geral, não existem categorias mais ou menos importantes. Isso nos leva a postular que no arquivo pessoal de um escritor nada deve ser desconsiderado, pois o documento mais "desimportante" pode registrar o gérmen de uma grande obra literária.

Abrangência, complexidade e multiplicidade de uma vida arquivada

Apesar de o arquivo de escritor ser constituído de uma pletora de itens documentais que focam o labor literário, devemos lembrar as palavras já citadas de Ana Maria Camargo que nos recordam que "arquivos pessoais são arquivos". Por isso, seu tratamento deve sempre respeitar os princípios arquivísticos e sua classificação exige especial atenção da equipe técnica responsável.

Assim como as instituições brasileiras de guarda de arquivos pessoais cresceram, fortaleceram-se e evoluíram, o processamento documental desses conjuntos também se modificou, passando de uma tradição voltada à categorização por séries para o reconhecimento de que, no caso dos arquivos pessoais, mais que conjuntos tipificados, o titular do acervo acumula documentos oriundos de funções múltiplas de uma vida múltipla. Como resultado, impõe-se a abordagem funcional para a elaboração de quadros de arranjo de arquivos pessoais.

Em outras palavras, e retornando à especificidade dos arquivos pessoais de escritores: é fato que o escritor não desempenha apenas a função de escritor em sua vida. Num arquivo pessoal estará incluído o testemunho de outras atividades do titular – especialmente se lembrarmos que durante muito tempo no Brasil um escritor não podia viver exclusivamente de sua própria literatura e era obrigado a exercer ofícios ou profissões bastantes díspares dessa ocupação.

Apenas a título de curiosidade, sintetizamos o seguinte quadro:

Escritor	**Profissão(ões) exercida(s)**
João Guimarães Rosa	Teve como formação inicial a carreira de médico; após o exercício da profissão, ingressa na carreira diplomática.
Osman Lins	Formou-se em Contabilidade e concursou-se como funcionário no Banco do Brasil; após a aposentadoria no banco, passou a lecionar Literatura Brasileira na então Faculdade de Filosofia, Ciências e Letras de Marília, atual Unesp.
Valdomiro Silveira	Formou-se e atuou como advogado. Além disso, foi político e professor de Direito.

Escritor	Profissão(ões) exercida(s)
Carlos Drummond de Andrade	Diplomou-se em Farmácia, mas não seguiu a profissão. Para satisfazer sua vocação literária, tornou-se colaborador de jornais e revistas, até que em 1934 ingressou no funcionalismo público, primeiro como chefe de gabinete de Gustavo Capanema e, mais tarde, no Instituto de Patrimônio Histórico e Artístico Nacional.
Mário de Andrade	Atuou como professor de piano do Conservatório Dramático Musical de São Paulo. Posteriormente foi convidado a ocupar o cargo de secretário de Cultura, mas decepções com o ambiente político o fizeram retornar às suas aulas. Além disso, sempre colaborou com jornais da época.

Nesse sentido, o arquivo do escritor revela não só a vida de um indivíduo em sua integralidade – trazendo dentro de si documentos que testemunham suas redes de sociabilidade, interesses diversos, inclinações político-partidárias, situação financeira, problemas de natureza familiar –, mas também é um importante objeto que compõe um pedaço da história de uma coletividade. A teórica Sue McKemmish nos alerta para isso:

> Moving beyond consideration of the needs of an individual to evidence and memorialise a life, to leave behind "the comforting marker-buoys and trail signs of stories", and the patterns of personal recordkeeping behaviour, archivists can look at what values the personal archive might have for other people. They can think about how society has constructed systems and regimes to carry personal records forward through time and space in ways which retain their qualities as "evidence of me". A study of the personal diary might be very revealing in this regard. It represents both a documentary form

> and a type of recordkeeping system, a system that is so institutionalised in our society that individuals can readily follow its "rules" and "protocols", implementing the recordkeeping processes associated with keeping a diary in ways which support its transactionality, evidentiality and quality as memory. Research into the phenomenon of the collecting archives as an example of an institutionalised way of preserving a society's memory – and of how effectively it functions as a regime for carrying a personal archive beyond the boundaries of an individual life, of how well it fulfills its role of transforming "evidence of me" into evidence of us – would also be of value.[11] (McKemmish, 1996, p.42)

Após a lembrança de que a voz de um pode ser a voz de muitos – observando para além da multiplicidade de funções de um

---

11 Tradução livre: "Para além da consideração das necessidades de um indivíduo em evidenciar e memorializar uma vida, deixar para trás 'as confortáveis marcas e sinais de histórias' e os padrões de comportamento pessoal de conservação, os arquivistas podem olhar para quais valores o arquivo pessoal pode trazer para outras pessoas. Eles podem pensar sobre como a sociedade construiu sistemas e regimes para perpetuar registros pessoais pelo tempo e pelo espaço de maneira que mantenham suas qualidades como 'evidência de mim'. Um estudo do diário pessoal pode ser muito revelador a este respeito. Representa tanto uma forma documental como um tipo de sistema de manutenção de registros, um sistema tão institucionalizado em nossa sociedade que os indivíduos podem seguir prontamente suas 'regras' e 'protocolos', implementando os processos de manutenção de registros associados com a manutenção de um diário, de tais maneiras que suportem sua transacionalidade, evidencialidade e qualidade como memória. A investigação do fenômeno da coleta de arquivos como exemplo de uma forma institucionalizada de preservar a memória de uma sociedade – e como efetivamente ela funciona como um regime para transportar um arquivo pessoal além dos limites de uma vida individual, de quão bem ela cumpre seu papel de transformar 'evidência de mim' em evidência de nós – também seria de valor".

indivíduo durante sua vida –, levando-se em consideração um contexto histórico e social que representa potencialmente uma geração, as palavras de McKemmish permitem que extrapolemos seus pressupostos na direção de identificarmos a outra armadilha presente em arquivos pessoais, a qual devemos evitar, enquanto organizadores desses arquivos. Trata-se de fazer seleções das áreas consideradas "mais importantes", as quais muitas vezes são subordinadas a questões cotidianas como falta de estrutura e equipe para a realização de uma organização completa de um arquivo pessoal. Tratando-se de arquivos de escritores, corre-se o risco de selecionar os conjuntos de documentos diretamente ligados à parte de produção literária. Ao fazermos isso, mesmo de forma inconsciente, atuamos como "censores", ocultando ao pesquisador a possibilidade de inter-relações entre uma vida plural e a obra final.

Aqui se faz um apelo para que, no caso da necessidade de se realizar seleções, que elas sejam informadas ao pesquisador – por meio dos instrumentos de pesquisa impressos ou *on-line* – bem como os seus motivos e o volume de documentos não processados.

Desafios de organização arquivística

A seleção do que será priorizado no processo de organização de um arquivo é apenas um dos dilemas que enfrentam as equipes técnicas. No caso dos arquivos de escritores, uma das demandas adicionais colocadas, para além do emprego correto e consciencioso das técnicas arquivísticas, é a aquisição de um conhecimento específico e aprofundado sobre o titular do fundo e sua trajetória literária, a ser localizada no estudo de suas obras e fortuna crítica.

A escolha por uma abordagem funcional em oposição à uma abordagem seriada vem dar ainda mais complexidade à tarefa, mas também explicitar a beleza e o desafio do trabalho com esse tipo de acervo. No centro do problema, não raro está a constatação de que as obras escritas e publicadas por um autor são eixos em torno dos quais a organização tende a orbitar naturalmente. Assim, uma forma de organização funcional encontrará seu guia e fundamento nos próprios produtos de criação literária da escritor.

Nossa experiência no Arquivo do IEB-USP mostra que o quadro de arranjo funcional pode ser uma boa saída para facilitar tanto o desenvolvimento das pesquisas ali conduzidas como o trabalho da equipe de atendimento ao pesquisador.

Sugerimos que a partir do mapeamento funcional da vida do escritor, no conjunto dedicado à Literatura, identifiquem-se os dossiês genéticos[12] relacionados aos éditos do autor. Nessa constituição do dossiê genético, precisamos estar atentos para sermos capazes de superar o método tradicional do agrupamento tipológico (a reunião isolada e descontextualizada de cartas, cartões postais, fotografias, matérias extraídas de periódicos, manuscritos). Numa abordagem funcional, documentos de diferentes tipologias irmanam-se em torno de pontos em comum: nos arquivos de escritores esse ponto é, numa primeira visada, a obra publicada.

Essa sugestão, no entanto, não está destituída de problemas. Um deles diz respeito à dificuldade de identificação inequívoca dos manuscritos e suas diferentes versões, caso o escritor (ou seu representante/herdeiro literário) já não tenha feito essa separação previamente. Tal identificação pode ser morosa e, muitas vezes, levar a impasses, trazendo à tona o dilema "abertura para pesquisa

12 Atenção ao termo. Apesar do trabalho de organização de arquivos pessoais de escritores contar com o apoio de termos e classificações dos gêneros literários consolidados na Teoria Literária, bem como de poder beber dos conceitos da Crítica Genética, o termo dossiê genético aqui vem apontar para a necessidade de constituição de conjuntos documentais que relatam a gênese do processo de criação literário, sem se ater à classificação e tipologização utilizada pela Crítica Genética, como área.

versus morosidade" que ronda constantemente o trabalho arquivístico. Indubitavelmente, é preciso lançar mão, sempre que possível, do apoio de especialistas em Literatura e no autor em questão, para que se tenha maior segurança na compreensão da história e estratégias de processos de criação específicos. Isso não assegurará sempre que os dossiês genéticos estabelecidos num primeiro momento serão corretos. Nesses casos, as escolhas organizacionais, bem como seu estado tentativo e provisório, devem ficar claros ao pesquisador por meio dos instrumentos de pesquisa.

Um outro traço característico de arquivos de escritores é a existência de uma documentação de criação e exercício literário não necessariamente ligada de forma unívoca a uma obra. Na "tradição" dos arquivos pessoais, já nos deparamos com os famosos grupos nomeados "Diversos", "Outros", Miscelânia" ou "Não identificados". Esses termos precisam ser superados e a classificação deve encontrar palavras que apontem para significados claros ao pesquisador. Optamos aqui por usar um exemplo retirado do Fundo João Guimarães Rosa, depositado no IEB. Rosa e seu arquivo refletem precisamente o trabalho de pesquisa realizado pelo autor para a composição de suas obras. Ao ser retirado de sua residência no Rio de Janeiro, o acervo do escritor chegou ao IEB trazendo algumas dezenas de pastas temáticas que serviram para a composição de diferentes obras ou mesmo de nenhuma, funcionando antes como um grande repositório de informações de uso potencial e não dirigido.[13] A equipe de trabalho, então coordenada pela professora Cecília de Lara, optou por classificar esse conjunto com o

13 Aqui cabe uma importante ressalva: o trabalho com arquivos não é temático e a presente abordagem busca defender o processo de organização arquivística funcional. As pastas temáticas foram preservadas conforme ordenadas pelo escritor em sua residência, mas não foram o mote para o processo classificatório.

nome de "Estudos para a obra",[14] dando ao pesquisador a real função daquelas infinitas notas, fichas e listas reunidas pelo escritor mineiro. Nesse conjunto percebe-se o trabalho de pesquisa, coleta, armazenamento e realização de exercícios literários, que nem sempre estão diretamente ligados a uma obra específica. Tais documentos são, a seu modo, uma espécie de enciclopédia pessoal do escritor, em que foram materializados os indícios e as pistas para a produção de sua obra. Numa comparação com os dias atuais, trata-se de um banco de dados em forma de fichas e folhas.[15] Tal modalidade de classificação será utilizada também no conjunto "Fichário analítico" do arquivo pessoal de Mário de Andrade e em outros acervos de intelectuais depositados no Arquivo IEB-USP. Essa documentação representa uma ponte para o pensamento e os interesses de um titular de acervo. É como estar dentro do cérebro do escritor.

Abertura para a pesquisa

Todo o trabalho de guarda, identificação e classificação documental de arquivos de escritores é feito por um único motivo: a abertura para o desenvolvimento de novas pesquisas. Assim, como o pesquisador irá abordar o material-fonte do acervo?

Uma das razões pela qual o processo de organização de arquivos de escritores se esforça em identificar documentos que remetam

14 Para mais informações, ver Leonel e Vasconcelos (1982); Lara (1987).

15 Vale destacar que é por isso que, nos dias de hoje, as instituições de guarda preocupam-se tanto com o recolhimento de documentos em papel, mas também de computadores e seus HDs, disquetes nos mais diversos formatos, pen-drives e cds, nos quais o escritor pode ter registrado seus estudos da criação literária. O suporte e as tecnologias podem ter mudado, mas a essência permanece a mesma e precisa ser preservada. Em relação a esta temática, destacamos o trabalho de Rondinelli (2013).

ao processo de criação de uma obra é a necessidade de responder/atender a perguntas básicas e frequentes do pesquisador. Em 90% dos casos, esses questionamentos têm como ponto de partida os títulos da obra editada. Entretanto, apesar da necessária atenção à sala de consulta e às demandas de pesquisa, destaca-se aqui que a classificação proposta a partir da obra editada obedece aos princípios de funcionalidade dos documentos. Mas o presente ensaio não tem o intuito de encorajar a classificação dos arquivos a partir das demandas de pesquisa, pois se 90% dela é orientada pela obra editada, outros 10% trazem uma infinidade de possibilidades inimagináveis à equipe técnica. Um exemplo claro é: potencializa-se a dificuldade de atendimento quando o pesquisador busca um aspecto transversal e temático, que varrerá todo o arquivo.

Em outras palavras: os arquivos de escritores estão recheados de infinitas marcas formais e temáticas como, por exemplo, a presença de determinado fato ou personagem histórico, lugar geográfico, recorte temporal, teorias ou conceitos filosóficos, indícios autobiográficos, influências de outros escritores etc., as quais podem ser justamente o foco de um pesquisador. Esse tipo de investigação não estará necessariamente sanado pelos dossiês genéticos das obras, mas envolve o material de pesquisa não dirigido, com destaque para notas de leitura, pesquisas temáticas, coleções de recortes de jornais e até mesmo documentos de natureza íntima como cartas e diários. Para que isso seja viabilizado, é fundamental que a descrição dos documentos incorpore uma certa qualidade de "palavras-chave", referências onomásticas, datas e localidades que permitam sua recuperação pelos mecanismos de buscas.

Em muitos casos, é preciso que as instituições de guarda se debrucem sobre metodologias de descrição específicas para cadernos, cartas e outros documentos de tipologias potencialmente plurais. Exemplos práticos são encontrados em cartas, que podem se iniciar versando sobre o estado de saúde do escritor, infletir para a dificuldade de escrita de tal conto ou poema e terminar fazendo uma crítica ao texto de terceiros. A qual obra ou aspecto da vida do escritor a carta deverá ser relacionada? A definição tipológica torna-se ainda mais complexa quando um caderno constitui ora um diário que não termina, interrompendo-se arbitrariamente, ora um espaço de desenhos ou esboços de uma obra plástica, ora uma série de listas de palavras em língua estrangeira, a testemunharem um estudo de idioma. O caderno é um "diário", um "caderno de anotações" ou um "caderno de estudos de escola"? Ele é, ao mesmo tempo, as três coisas, e o pesquisador precisa saber de todos os vieses de seu conteúdo. Assim, muitas vezes, a inserção de campos específicos nas fichas de descrição documental pode potencializar as buscas e facilitar a recuperação de dados.

Acima de tudo, a instituição de guarda deve estar ciente de que não deve fazer a pesquisa para o pesquisador e de que jamais haverá descrição e técnicas suficientes para atender às milhares abordagens possíveis dos materiais depositados nos arquivos de escritores. Mas é exatamente nesse arsenal de potencialidades que reside a principal beleza e importância da manutenção dos arquivos desses homens e mulheres dedicados à escrita.

Trabalho interdisciplinar

A organização de arquivos pessoais de escritores, como vimos até aqui, deve contemplar, na medida do possível, a coparticipação de equipe multidisciplinar, de modo que especialistas na vida e obra do titular da documentação colaborem com a equipe técnica fiel aos princípios arquivísticos.

Tomando como ponto de partida a equivalência de que geralmente se lança mão entre os termos *arquivos pessoais de escritores* e *arquivos literários*, esbocemos o perfil do especialista, que virá de área distinta da arquivologia, mas necessária nesse percurso: a Literatura.

Recorremos ao esclarecedor prefácio do livro *As pedras e o arco: fontes primárias, teoria e história da Literatura*, no qual as autoras nos auxiliam a organizar a tríade: fontes primárias / Teoria Literária / História Literária:

> Fontes primárias constituem, em princípio, matéria da história, que constrói uma narrativa a partir dos documentos que certificam o passado. A Teoria da Literatura tende a abrir mão desse material, ao privilegiar o produto final, a obra publicada, em detrimento de suas origens e processo de criação. A História da Literatura acabou acompanhando essa escolha, alinhando no tempo o produto legitimado pela teoria. Por não percorrer o caminho de volta, que levaria da obra publicada às suas origens e repercussão, a História da Literatura des-historiciza seu objeto; com isso, contradiz sua natureza e acaba por fornecer à teoria um objeto desmaterializado, um ser ideal a que não corresponde algo concreto.
>
> As fontes primárias apresentam-se na contramão desse processo: são concretas, materiais e palpáveis. Podem corresponder ao que restou do processo de criação, mas sinalizam sua existência e percurso; podem se mostrar na condição de sintomas, sinais ou rastros, porque se alojam no texto, no livro e no impresso. Indicam, por outro ângulo, os contextos de criação, produção material e leitura, ausentes no objeto-obra, mas determinantes de seu estatuto. Instituem séries temporais não coincidentes, alterando concepções de história. E suscitam uma reflexão que necessariamente incorpora campos diferentes do conhecimento, uma vez que elas não se explicam por critérios de especificidade e valor. (Zilberman et al., 2004, p.15)

O presente ensaio poderia terminar aqui, tamanha é a clareza dessas palavras. Nelas não apenas estão presentes uma breve história da Literatura e da Teoria Literária, mas também um dos termos-chave que caracterizam os arquivos literários, qual seja, o *processo de criação*. Além disso, introduzem a discussão necessária sobre a incorporação de outros campos do conhecimento para o trabalho com documentos-fonte. Não podemos enfrentar a massa documental de um arquivo pessoal de um escritor imaginando que, como ferramenta de análise, utilizaremos apenas uma área do conhecimento: a Arquivologia. Questões que envolvem a teoria e a metodologia de trabalho com documentos-fonte permeiam o fazer literário, registrado em uma multiplicidade de tipologias, na qual os estudos de Literatura e a Arquivologia, ao caminharem juntas, possibilitarão a criação de instrumentos de pesquisa completos, os quais guiarão com segurança os pesquisadores que se aventurarem nas pesquisas em acervos de escritores.

Considerações finais

No âmbito das inquirições (que não convergem para uma única resposta, como até aqui foi demonstrado) e inquietações levantadas no presente ensaio, a razão pela qual se foi resgatada a tradição e produção bibliográfica, as instituições de guarda e as características dos conjuntos chamados de *arquivos pessoais de escritores* resume-se em um único motivo: o arquivo pessoal de Lívio Xavier, arquivo este a ser considerado e valorizado como um espaço privilegiado para o desenvolvimento de novas pesquisas. No decorrer dos próximos capítulos, há o convite para que o leitor conheça um pouco mais dos conjuntos documentais, indícios de uma vida dedicada às letras, às línguas e à política, vida esta imiscuída em papéis apresentados por meio de tipologias como cartas, fotografias, cadernos, poemas, jornais, panfletos... Enfim, o reflexo de um homem de seu tempo, mas que, a partir do olhar atento sobre o seu legado documental, impressiona pela atualidade e modernidade de pensamento, para além de sua época. E eis o motivo principal do trabalho com seu arquivo: que a partir de seus registros possamos olhar para o passado, compreendendo o presente e avançando de forma segura, coerente e democrática para o futuro.

Referências bibliográficas

BELLOTTO. H. L. *Arquivos permanentes:* tratamento documental. Rio de Janeiro: FGV Editora, 2006.

CAMARGO, A. M. A. Arquivos pessoais são arquivos. *Revista do Arquivo Público Mineiro*, Belo Horizonte, n.45, 2009, p.26-39.

GUIA DO Acervo do Arquivo-Museu de Literatura Brasileira. Coord. Eliane Vasconcellos e Laura Regina Xavier. Rio de janeiro: Fundação Casa de Rui Barbosa, 2012.

GUIA DO IEB: O Acervo do Instituto de Estudos Brasileiros. Org. de Ana Lúcia Duarte Lanna (org.). São Paulo: Instituto de Estudos Brasileiros, 2010.

GOMES, A. C. Nas malhas do feitiço: o historiador e os encantos dos arquivos privados. *Revista Estudos Históricos*, n.21, 1998 (Arquivos Pessoais).

HUYSSEN, A. *Culturas do passado-presente:* modernismo, artes visuais, políticas da memória. Trad. Vera Ribeiro. Rio de Janeiro: Contraponto; Museu de Arte do Rio, 2014.

_______. *Seduzidos pela memória:* arquitetura, monumentos, mídia. Rio de Janeiro: Aeroplano, 2000.

LARA, C. Arquivo João Guimarães Rosa do IEB. *Revista Travessia*, v.7, n.15, 1987, p.153-63.

LEONEL, M. C. M.; VASCONCELOS, S. G. T. Arquivo Guimarães Rosa. *Revista do IEB*, n.24, 1982, p.177-80.

MCKEMMISH, S. Evidence of me. *Archives and Manuscripts*, 24:1, maio 1996, p.28-45.

MIRANDA, W. M. Memória de papel. *Revista do Arquivo Público Mineiro*, v.45, fascículo 2, jul.-dez. 2009.

RONDINELLI, R. C. *O documento arquivístico ante a realidade digital*: uma revisão conceitual necessária. Rio de Janeiro: FGV Editora, 2013.

SALLES, C. A. *Arquivos de criação:* arte e curadoria. Vinhedo: Horizonte, 2010.

WELLEK, R.; WARREN, A. *Teoria da literatura e metodologia dos estudos literários*. São Paulo: Martins Fontes, 2003.

WILLEMART, P. *Universo da criação literária:* crítica genética, crítica pós-moderna? São Paulo: Edusp, 1993.

ZILBERMAN, R.; MOREIRA, M. E.; BORDINI, M. G.; REMÉDIOS, M. L. R. *O arco e as pedras:* fontes primárias, teoria e história da Literatura. Belo Horizonte: Editora UFMG, 2004. v. 1.

i Produção bibliográfica sobre arquivos pessoais de escritores – IEB-USP

1) *Catálogo de Manuscritos do Arquivo Graciliano Ramos.*
LIMA, Yedda Dias; REIS, Zenir Campos (orgs.)
Edusp, 1992.
2) *Mário de Andrade* – fotógrafo e turista aprendiz.
LOPES, Telê Ancona Lopes (org.)
IEB, 1993.
3) *Coleção Correspondência de Mário de Andrade.*
MORAES, Marcos Antonio de (org.)
Edusp e editoras parceiras.

ii Produção bibliográfica a partir de arquivos pessoais de escritores – IMS

Publicados pela Editora do IMS, além dos já citados Cadernos de Literatura Brasileira, destacamos alguns títulos que diferem da maioria das publicações aqui elencadas, pois dão destaque para a publicização de documentos e conjuntos de documentos inéditos, presentes tanto no próprio acervo do IMS, como coletados em instituições irmãs, muitas delas presentes aqui neste levantamento. São obras que, com ensaios críticos, diferem dos tradicionais instrumentos de pesquisa, publicizando de forma diferente os acervos e os documentos de escritores brasileiros. Seguem-se alguns desses livros:

1) *Inconfissões:* fotobiografia de Ana Cristina Cesar.
2) *Mandacaru*, de Rachel de Queiroz.
3) *Versos de circunstâncias*, de Carlos Drummond de Andrade.
4) *Uma pedra no meio do caminho* – Biografia de um poema.
5) *Alguma poesia: o livro em seu tempo.*

iii Produção bibliográfica sobre arquivos pessoais de escritores – Arquivo dos Escritores Mineiros – UFMG

6) *A trama do arquivo*

MIRANDA, Wander Melo (org.).
Editora UFMG
Centro de Estudos Literários Fale/UFMG, 1995.

7) *Modernidades alternativas na América Latina.*
MARQUES, Reinaldo (org.).
SOUZA, Eneida Maria de (org.).
Editora UFMG, 2011.

8) *Margens teóricas:* memória e acervos literários.
SAID, Roberto (org.).
NUNES, Sandra (org.).
Editora UFMG, 2010.

9) *Janelas indiscretas:* ensaios de crítica biográfica.
SOUZA, Eneida Maria de.
Editora UFMG, 2011.

10) *Crítica e coleção.*
MIRANDA, Wander Melo (org.).
SOUZA, Eneida Maria de (org.).
Editora UFMG, 2011.

11) *O futuro do presente:* arquivo, gênero e discurso.
MARTINS, Anderson Bastos (org.).
SOUZA, Eneida Maria de (org.).
TOLENTINO, Eliana da Conceição (org.).
Editora UFMG, 2012.

12) *Arquivos literários:* teorias, histórias, desafios.
MARQUES, Reinaldo.
Editora UFMG, 2015.

iv Produções bibliográficas sobre arquivos pessoais de escritores – Cedae-Unicamp

Destaque para *Guia geral e descrição sumária*. Coordenado por Francisco Foot Hardman, com colaboração de Vânia Regina Personeni e Regina Aída Crespo. Campinas, SP: Cedae/IEL/Unicamp, 1990. É inumerável a quantidade de dissertações e teses que emergem de seu acervo.

v Produções bibliográficas sobre arquivos pessoais de escritores – Delfos-PUCRS

Intitulada com o nome do centro, a coleção Delfos tem até o momento três títulos:

1) *Pensar e escrever:* o que vai no papel ou a consciência da escrita.
   REIS, Carlos.
   EDIPUCRS, 2010.
   Coleção Delfos 1.
2) *A genética dos textos.*
   BIASI, Pierre-Marc de.
   EDIPUCRS, 2010.
   Coleção Delfos 2.
3) *Papéis nada avulsos.*
   MOREIRA, Maria Eunice (org.).
   EDIPUCRS, 2012.
   Coleção Delfos 3.

É importante lembrar um título da série *Memória das Letras* (n.24), dedicado a Moacyr Scliar e que tem colaboração direta do centro de documentação:

1) *Tributo a Moacyr Scliar.*
   MOREIRA, Maria Eunice (org.).
   BERND, Zilá (org.).
   MELLO, Ana Maria Lisboa de (org.).
   EDIPUCRS, 2012.
   Série Memória das Letras – 24

Associação de Amigos da Russia

SÃO PAULO

RELAÇÃO DOS SOCIOS EM 31/3/31

Abilio Freire Jor.
Abilio de Castro Novaes
Abigail Maia
Americo Cerruti
Alberico Severino
Ariovaldo Telles de Menezes
Anchise Vezzelli
Antonio Araujo Ribeiro.
Antonio Tavares de Almeida
Arthur Simiolde
Augusto Tolosa
Augusto Pizzutti
Alexandre Wainstein
Aristides Lobo
Arnaldo P. B. Manga
Adolpho Caminha
Affonso Schmit
Arsenio Palacio Suares
Aldo Focesi
Dr. Arne Enge
Dr. Antonio Santos Figueredo
Snra. Aplecina do Carmo
Benedicto C. M. Portella
Benjamim Peret
Bernardo Cheniser
Britto Broca
Baptista Manfredini
Snra. Bertha Abramovich
Cid Franco
Clovis de Cusmão
Clovis Botelho Vieira
Cyro Perreira de Alencar
Christovão Dantas
Carlos Serpa Duarte
Celso Antonio
C. Azevedo Marques
Camillo Righetti
D. Cecy Wasth Rodrigues
Dacio Rolim
Decio Aquino
Dalmo R. de Cirqueira Lima
Emilliano di Cavalcanti
Ernesto Crecco
Euclides da Cunha
Elias Bessel
Elise Houston Peret
Elio de Stefani
Egberto Chaves
Dr. Ernesto Luiz de Oliveira
Fausto de Campos

Frederico Navarro da Luz
Frederico Del Duque
Francisco Assis Piazzelli
Francisco F. Furtado
Francisco Coutinho Cavalcanti
Flavio de Carvalho
França Bueno
Fausto Barreira
Feliciano dos Santos
Felix Garcia Zamora
Dr. Francisco Giraldes
Galeão Coutinho
Gastão Massari
~~Genolino Amado~~
Honorio de Silos
Henrique Setti
Hugo Maia
Humberto Canto
Snra. Heloisa Martins de Almeida
Italo Benassi
J. B. Dubieu
J. Homen de Mello
Jacob Gordon.
João Pontes Morales
João Rodrigues Serra
João B. S. Calvose
João Bueno Hidalgo
João Matheus
José Assis Ribeiro
José Sanches
José Ferreira Esteves
José Oliveira Orlandi
José Ant. Ferreira
José Issac Perez
José Augusto Costa
Julio Barreto
Julio Tellechea
Jorge Duque Estrada
Joaquim Teixeira
Dr. Jayme A. da Camara
Dr. José Maximo Pinheiro Lima
Lauro A. Vieira
Livio Barreto Xavier
Luiz Nicolau Greco
Luiz Malamud
Laurentino P. Machado
Dr. Leoncio Ribas Marinho
Dr. Luiz Parigot de Souza
Maria Branca Ortega
Mary Houston
Mario Dupont
Mario Pedrosa
Mario Barreto Xavier

Manoel do Carmo
Manoel Prates
Miguel Macedó
Menelique Bispo
Nicolau Abramovich
Nicolau Marota
Nobrega de Siqueira
Nelson Tabajara de Oliveira
Nelson Meirelles da Silva Netto
Nestor Pereira Jor.
Natale Paris
Nabor Caires Brito
Nemo Eduardo Weiss
Napoleão de Carvalho
Oddone Marangoni
Octavio Rocha
Oduvaldo Vianna
Olyntho Silveira
Oswaldo de Andrade
Oswaldo Moles
Oswaldo Costa
Orlando Zan
Paulo Medeiros
Paulo Magalhães
Paulo Marzagão
Paulo Torres
Paulino B. Vieira
Pedro Mota Lima
Pedro Conçalves
Pompeu Dante Magnaini
Patricia Galvão de Andrade
Plinio Rollim de Moura
Rodrigo Duque Estrada
Rolando Zambom
Reymundo Reis
Romeu Muniz Barreto
Romeu R. Freire
Rocha Ferreira
Raphael Correia de Oliveira
Rubens Vieira Borges
René de Castro
Reis Perdigão
Reynaldo Cepo
R. Santos
Tte. Reynaldo Saldanha
S. Paulo Setti
Sebastião Vargas
Semen Novinsky
Tersio Santos
Theodoro Sampaio F.º
Tasso Magalhães
Trentine Zuller
Ulisses F. Machado
Victor Azevedo Pinheiro
Walter Garcia Lopes

Relação dos Sócios - Associação Amigos da Rússia. Cedem. Fundo Lívio Xa

Capítulo 3
Apenas um arquivista: a formação do arquivo de Lívio Xavier

Sonia Troitiño

Acho que sou apenas um arquivista, assim Lívio Xavier se definia ao tentar explicar o seu hábito de reunir informações.[1] Em seu pequeno apartamento na Rua Xavier de Toledo, centro de São Paulo, dezenas de caixas de papelão guardavam documentos das mais diversas origens: marcas de atuação profissional, vestígios de relações pessoais e sinais de interesses particulares, que, ao se entrecruzarem, são capazes de comprovar a biografia de seu titular.

Talvez Lívio Xavier se encaixe na concepção de guardador de memórias concebida por Philippe Lejeune:

> Gosto dessa expressão (guarda-memória) porque ela apenas fala em memória sem deixar muito claro quem guarda e quem é guardado. O universo das histórias de vida é repleto de pessoas que têm poder. Há os que sabem e os que cuidam, os médicos-chefes e os enfermeiros. Há os que debatem ideias e os que executam tarefas. Há os que ordenham a vida dos outros e, tal como se faz com o leite para virar manteiga, batem-na até virar tese. Há os que a arquivam. Sei disso

1 *Poesia e cinema, as artes que sobreviverão*. Entrevista concedida por Lívio Xavier ao jornal *O Estado de S. Paulo*, em 1/7/1979, p. 12.

> porque fiz de tudo um pouco. Não se pode escapar do poder. Pode-se simplesmente tentar partilhá-lo. (Lejeune, 1997, p.111)

A história de vida de Lívio Xavier se confunde com as informações que guardou ao longo do tempo. Algumas significativas pelo sentimentalismo que despertam, outras importantes por se caracterizarem como instrumentais ou comprobatórias. Contudo, todas lembranças únicas, documentadas e devidamente arquivadas.

Dessa forma, versões de suas traduções de livros, originais de suas críticas literárias, recortes de jornal, correspondência pessoal e de terceiros são apenas alguns dos tipos de documentos que Lívio Xavier reunia e guardava, quase obsessivamente, atribuindo lógica própria à ordem que estabelecia e sendo zeloso, por vezes ciumento, com seus documentos.

Documentar a vida: biografia em contexto

Cearense, natural da Granja, Lívio Barreto Xavier viria a se tornar, ao lado de Mário Pedrosa e Aristides Lobo, um dos grandes nomes do movimento trotskista no Brasil, quando no final dos anos 1920 fundaram a Liga Comunista Internacionalista, um dos primeiros movimentos dissidentes do Partido Comunista Brasileiro (PCB), ligado à Oposição de Esquerda no Brasil.

A ação política de Lívio Xavier ao longo de décadas teve grande impacto na esquerda do Brasil e se fez presente nos documentos pelos quais ele zelou ao longo da vida. No entanto, teve uma atuação bastante diversificada, como podemos observar ao consultar seu arquivo – ainda que a posição ideológica que defendia se mantinha presente em todos os âmbitos do seu viver, permeando o cotidiano e se fazendo notar em seus registros diários.

Filho de Inácio Xavier, um dos principais comerciantes granjenses da virada do século XIX para o XX, e Elisa Barreto Xavier, Lívio passou sua primeira infância entre o lar e o ambiente comercial do armazém da família, contíguo à casa. Desde os primeiros anos teve acesso à instrução, aprendendo a ler com apenas 4 anos. Segundo suas palavras, os rudimentos de leitura e escrita foram adquiridos, inicialmente, graças à convivência com caixeiros durante a arrumação, marcação e enfardamento das mercadorias no armazém e, posteriormente, com o tio Barreto, responsável pela contabilidade do negócio de importação e exportação da família na Casa Inácio Xavier & Companhia, a quem chegou a auxiliar. De sua mãe, uma intensa consumidora de romances, herdou o gosto pela leitura desde cedo; assim como de seu pai, que mesmo não apresentando preferência pela literatura, era um voraz consumidor de jornais e história política (Xavier, 1974). Marcas permanentes, imprimidas na infância e influenciadoras dos caminhos que escolheu em idade adulta.

Como um bonito tributo às lembranças de sua origem, lança em 1974 *Infância na granja*, livro autobiográfico em formato de entrevista que por si só é um importante documento-síntese de suas primeiras décadas de vida, apresentadas pela ótica do personagem principal.[2]

De expressão profissional ramificada, são muitas as facetas de Lívio Xavier, todas registradas em seu arquivo pessoal. Lecionou Letras durante sua juventude no Rio de Janeiro e, mais tarde, atuaria simultaneamente como advogado, jornalista, crítico literário e musical, escritor, tradutor, militante político. Vasta era sua área de ocupação profissional. Por todos era chamado de mestre, inclusive por artistas e intelectuais contemporâneos com os quais convivia e trocava experiências, como Antonio Candido de Mello e Souza,

2 Os originais do livro encontram-se no arquivo de Lívio Xavier e mostram os ajustes realizados por seu autor para a edição final. Cedem. Fundo Lívio Xavier, caixa LX-005.

os irmãos Cláudio e Lívio Abramo, Francisco Luiz de Almeida Salles, Décio de Almeida Prado, Francisco Iglésias, apenas para citar alguns.

Sua erudição era reconhecida até mesmo pela polícia política, como pode ser verificado em um *Informe Reservado* pertencente ao prontuário policial de Lívio Xavier, constante no Arquivo do Departamento Estadual de Ordem Política e Social de São Paulo (Deops-SP). Esse documento continha a "Lista de comunistas intelectuais ativos e simplesmente intelectuais", datado de 6 de janeiro de 1936 e copiado para o prontuário em 31 de janeiro de 1947.[3] Nesse documento consta a seguinte informação: "Lívio Xavier – intelectual-ativo, muito culto, dos *Diários Associados*". Além do reconhecimento de seu profundo conhecimento, o informe chama a atenção pelo constante monitoramento realizado pela polícia, anos depois de Lívio ter deixado a militância política, em 1935.[4]

Ainda assim, enorme quantidade de documentos sobre atuação política permeia o arquivo pessoal. De sua posição política,

---

3 Apesar do prontuário policial de Lívio Barreto Xavier ter sido aberto em 7 de junho de 1946, constam nele informações de suas atividades de período anterior, em grande parte cópias autênticas de informes e outros documentos. No prontuário, o fichado tem sua atividade suspeita classificada como "trotskistas", um dos termos de indexação utilizado pelo departamento para controle social. Apesp. Fundo Deops-SP, prontuário n.300.

4 A explicação para o afastamento da vida política é dada pelo próprio Lívio Xavier, em entrevista concedida ao jornal *O Estado de S. Paulo*, em 1979: [Entrevistador] "É capaz de precisar exatamente quando acabou sua militância?" [Lívio Xavier]: "Depois daquele choque com os integralistas, na Praça da Sé, ainda nos reunimos, mas o Mário foi para o Rio, o Aristides ficou trançando por aqui, mas foi nesse tempo, lá por volta de 35, que deixei de militar". In: *Poesia e cinema, as artes que sobreviverão*. Entrevista concedida por Lívio Xavier ao jornal *O Estado de S. Paulo*, em 1/7/1979, p.12.

postura que manteve ao longo dos anos, mesmo quando se afasta das atividades de militância, diversos registros se fazem presentes – durante e após o período mais intenso de atividade, em forma de correspondência, notícias, documentos normativos e burocráticos típicos de partidos e movimentos políticos, como atas de reuniões, estatutos, manifestos, resoluções, panfletos, comunicados, entre tantas outras expressões documentais.[5]

Sempre ligado ao movimento sindicalista, Lívio, além de filiado ao Sindicato dos Jornalistas, advogou por décadas em suas causas, assim como na de outros sindicatos importantes, como o das Indústrias Gráficas, o dos Ferroviários da Sorocabana e o Sindicato dos Gráficos.

Nos anos 1930, já em São Paulo, trabalhou em dois dos maiores veículos de comunicação da época: no *Diários Associados* até 1948 e em *O Estado de S. Paulo*, no qual ingressou em 1949 como redator-auxiliar, ficando até 1988.

Iniciou seu trabalho como jornalista, na redação do *Diário de S. Paulo*, em 1926, ainda que sua carteira de trabalho apenas faça menção ao registro formal muitos anos depois, em 1929. Esse fato pôde ser esclarecido por um dos documentos incluídos em uma petição trabalhista encaminhada ao Sindicato dos Jornalistas para auxiliá-lo na retificação dos dados registrados na carteira de trabalho.[6] Originalmente, Lívio foi registrado como colaborador, cargo que questiona, já que a natureza da sua atividade no jornal sempre foi a de redator.

Dos seus tempos de redação, assimilou a prática da clipagem, abrasileiramento da palavra em inglês *clipping*, termo utilizado para se fazer referência ao sistema de arquivamento de recortes de

5 Cedem. Fundo Lívio Xavier, em especial caixas LX-001 e 003.

6 Petição de alteração de informação em registro de carteira de trabalho, 18/12/1944. Cedem. Fundo Lívio Xavier, caixa LX-021.

1

MINISTERIO DO TRABALHO, INDUSTRIA E COMERCIO

DEPARTAMENTO NACIONAL DO TRABALHO

292703 Número — Série 28.ª

Carteira Profissional

Fotografia tirada em 18 de Julho de 1938

Carteira de trabalho. Cedem, Fundo Lívio Xavier.

notícias. Essa atividade se baseia basicamente no monitoramento de assuntos ou temas previamente definidos publicados nos diferentes meios de comunicação disponíveis (jornais, revistas, boletins etc.).

Era prática comum nos arquivos de redação dos jornais ou agências de notícias colar a notícia selecionada em uma folha de papel que servia de base, normalmente com alguma referência direta à origem da publicação – nome do veículo, data, título da matéria ou qualquer outro dado relevante.

Contudo, a prática da formação de *clippings* era, e ainda é, também comum na administração, tanto pública quanto privada, a qual boa parte das vezes cria livros ou, antes, álbuns em que esses recortes de notícias são colados por tema e em ordem cronológica. É igualmente possível e bastante recorrente encontrar casos nos quais as notícias não se encontram coladas em uma folha-base de papel. Nesses casos, geralmente, os recortes soltos se encontram guardados em pastas ou envelopes.

A grande diferença prática, em si, entre a colagem ou não dos recortes de notícias é a consolidação da atribuição de uma ordem lógica para as informações, especialmente quando realizada em formato de livros. Essa iniciativa reforça o discurso documentário estabelecido originalmente pela atribuição de uma lógica organizativa ao se fixar os documentos ao invés de deixá-los avulsos – o que dificulta certa mobilidade espacial ou reorganização posterior dos originais, como no caso de itens documentais avulsos.

A opção pelo emprego de uma técnica de arquivamento ou outra fica a cargo das práticas administrativas e, não raro, pessoais dos envolvidos nessa atividade. De todos os modos, essa prática revela a eleição de um determinado sistema de arquivamento.

Atualmente, como resultado dos avanços tecnológicos, para além dos veículos impressos, é possível encontrar variações na elaboração do *clipping*, com novos formatos, suportes e linguagens como os utilizados pelo rádio, televisão e outros canais disponíveis em meio eletrônico. Assim, a concepção de recorte de notícia, antes empregada de modo literal, passa a definir a seleção do noticiário de interesse, independentemente do veículo de transmissão – emissoras, canais impressos ou sítios eletrônicos.

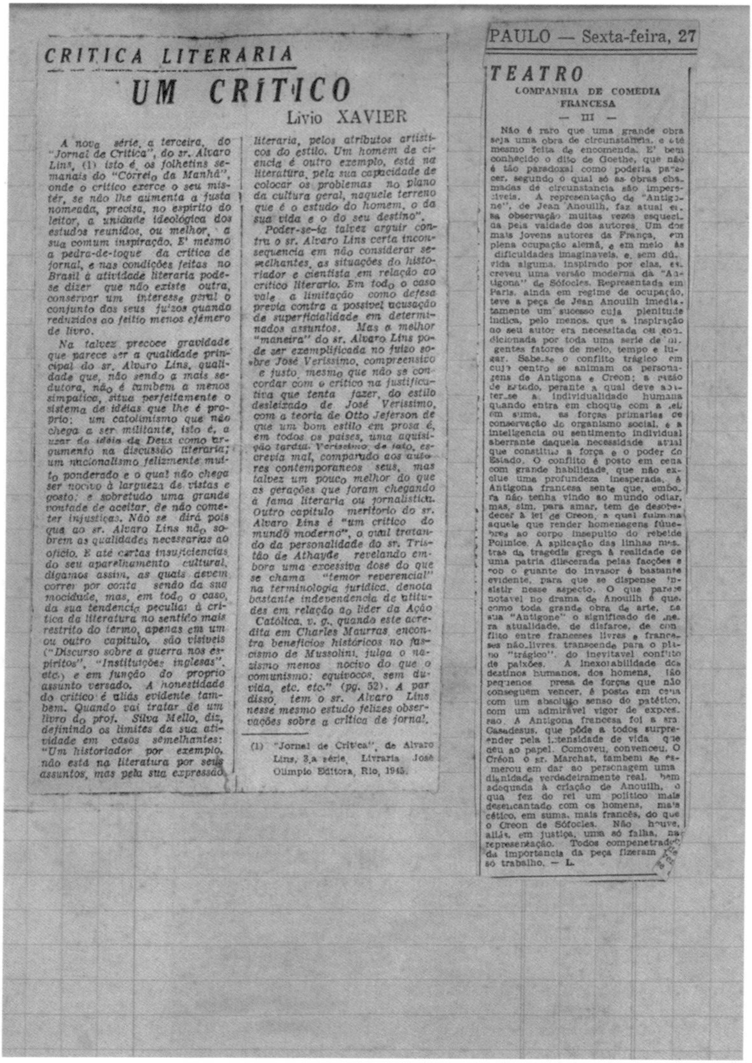

CRITICA LITERARIA

UM CRITICO

Livio XAVIER

A nova série, a terceira, do "Jornal de Critica", do sr. Alvaro Lins, (1) isto é, os folhetins semanais do "Correio da Manhã", onde o critico exerce o seu mistér, se não lhe aumenta a justa nomeada, precisa, no espirito do leitor, a unidade ideológica dos estudos reunidos, ou melhor, a sua comum inspiração. E' mesmo a pedra-de-toque da critica de jornal, e nas condições feitas no Brasil à atividade literaria pode-se dizer que não existe outra, conservar um interesse geral o conjunto dos seus juizos quando reduzidos ao feitio menos efémero de livro.

Na talvez precoce gravidade que parece ser a qualidade principal do sr. Alvaro Lins, qualidade que, não sendo a mais sedutora, não é tambem a menos simpatica, situa perfeitamente o sistema de idéias que lhe é proprio: um catolicismo que não chega a ser militante, isto é, a usar da idéia de Deus como argumento na discussão literaria; um nacionalismo felizmente muito ponderado e o qual não chega ser nocivo à largueza de vistas e gosto; e sobretudo uma grande vontade de aceitar, de não cometer injustiças. Não se dirá pois que ao sr. Alvaro Lins não sobrem as qualidades necessarias ao oficio. E até certas insuficiencias do seu aparelhamento cultural, digamos assim, as quais devem correr por conta sendo da sua mocidade, mas, em todo o caso, da sua tendencia peculiar à critica da literatura no sentido mais restrito do termo, apenas em um ou outro capitulo, são visiveis ("Discurso sobre a guerra nos espiritos", "Instituições inglesas", etc.) e em função do proprio assunto versado. A honestidade do critico é aliás evidente tambem. Quando vai tratar de um livro do prof. Silva Mello, diz, definindo os limites da sua atividade em casos semelhantes: "Um historiador por exemplo, não está na literatura por seus assuntos, mas pela sua expressão literaria, pelos atributos artisticos do estilo. Um homem de ciencia é outro exemplo, está na literatura, pela sua capacidade de colocar os problemas no plano da cultura geral, naquele terreno que é o estudo do homem, o da sua vida e o do seu destino".

Poder-se-ia talvez arguir contra o sr. Alvaro Lins certa inconsequencia em não considerar semelhantes, as situações do historiador e cientista em relação ao critico literario. Em todo o caso vale a limitação como defesa previa contra a possivel acusação de superficialidade em determinados assuntos. Mas a melhor "maneira" do sr. Alvaro Lins pode ser exemplificada no juizo sobre José Verissimo, compreensivo e justo, mesmo que não se concordar com o critico na justificativa que tenta fazer, do estilo desleixado de José Verissimo, com a teoria de Otto Jeferson de que um bom estilo em prosa é, em todos os paises, uma aquisição tardia. Verissimo, de fato, escrevia mal, comparado aos autores contemporaneos seus, mas talvez um pouco melhor do que as gerações que foram chegando à fama literaria ou jornalistica. Outro capitulo meritorio do sr. Alvaro Lins é "um critico do mundo moderno", o qual tratando da personalidade do sr. Tristão de Athayde, revelando embora uma excessiva dose do que se chama "temor reverencial" na terminologia juridica, denota bastante independencia de atitudes em relação ao lider da Ação Católica, v. g., quando este acredita em Charles Maurras, encontra beneficios históricos no fascismo de Mussolini, julga o nazismo menos nocivo do que o comunismo: equivocos, sem duvida, etc. etc." (pg. 52). A par disso, tem o sr. Alvaro Lins nesse mesmo estudo felizes observações sobre a critica de jornal.

(1) "Jornal de Critica", de Alvaro Lins, 3.a série, Livraria José Olimpio Editora, Rio, 1945.

PAULO — Sexta-feira, 27

TEATRO

COMPANHIA DE COMEDIA FRANCESA

— III —

Não é raro que uma grande obra seja uma obra de circunstancia, e até mesmo feita de encomenda. E' bem conhecido o dito de Goethe, que não é tão paradoxal como poderia parecer, segundo o qual só as obras chamadas de circunstancia são imperecíveis. A representação de "Antigone", de Jean Anouilh, faz atual essa observação muitas vezes esquecida pela vaidade dos autores. Um dos mais jovens autores da França, em plena ocupação alemã, e em meio às dificuldades imaginaveis, e, sem dúvida alguma, inspirado por elas, escreveu uma versão moderna da "Antigona" de Sófocles. Representada em Paris, ainda em regime de ocupação, teve a peça de Jean Anouilh imediatamente um sucesso cuja plenitude indica, pelo menos, que a inspiração do seu autor era necessitada ou condicionada por toda uma serie de exigentes fatores de meio, tempo e lugar. Sabe-se o conflito trágico em cujo centro se animam os personagens de Antigona e Creon: a razão de Estado, perante a qual deve abater-se a individualidade humana quando entra em choque com a lei, em suma, as forças primarias de conservação do organismo social, e a inteligencia ou sentimento individual aberrante daquela necessidade atual que constitue a força e o poder do Estado. O conflito é posto em cena com grande habilidade, que não exclue uma profundeza inesperada. A Antigona francesa sente que, embora não tenha vindo ao mundo odiar, mas, sim, para amar, tem de desobedecer à lei de Creon, a qual fulmina aquele que render homenagens fúnebres ao corpo insepulto do rebelde Polinice. A aplicação das linhas mestras da tragédia grega à realidade de uma patria dilacerada pelas facções e sob o guante do invasor é bastante evidente, para que se dispense insistir nesse aspecto. O que parece notavel no drama de Anouilh é que, como toda grande obra de arte, na sua "Antigone" o significado de uma atualidade, de disfarce, de conflito entre franceses livres e franceses não-livres, transcende para o plano "trágico", do inevitavel conflito de paixões. A inexorabilidade dos destinos humanos, dos homens, tão pequenos presa de forças que não conseguem vencer, é posto em cena com um absoluto senso do patético, com um admirável vigor de expressão. A Antigona francesa foi a sra. Casadesus, que pôde a todos surpreender pela intensidade de vida que deu ao papel. Comoveu, convenceu. O Créon o sr. Marchat, tambem se esmerou em dar ao personagem uma dignidade verdadeiramente real, bem adequada à criação de Anouilh, o qual fez do rei um politico mais desencantado com os homens, mais cético, em suma, mais francês, do que o Creon de Sófocles. Não houve, aliás, em justiça, uma só falha, na representação. Todos compenetrados da importancia da peça fizeram [illegible] só trabalho. — L.

Clipping de críticas literárias de Lívio Xavier. Cedem, Fundo Lívio Xavier.

A MORTE DE M. TESTE

Livio XAVIER

Encontrou o seu fim, ha uma semana, a mais estranha aventura intelectual dos ultimos tempos, a obra de Paul Valéry. Se ha sentido na noção mesma do escritor, de nomem que fique de parte, à margem, deliberadamente, de todas as correntes ou influencias contemporaneas, dele, de todo movimento, quase podemos dizer, do que se pensou em torno dele, é bem Paul Valéry, o qual se firmou para um mundo que já não o podia compreender ou antes, que ele não podia mais entender. Esse ultimo cartesiano, esse matemático (sabe-se que Paul Valéry o era até de profissão), levou ao extremo, ao absurdo mesmo o conceito idealista de Descartes. sunt in nobis semina scientiarum, isto é, a tarefa primaria é distribuir como que uma distilação da razão, separando-lhe os elementos para livrar o seu funcionamento de todas as influencias de ordem temporal dependentes diretamente da percepção as quais poderiam empecer o trabalho dessa maravilhosa mecanica de precisão. O dominio da logica prossegue inexoravelmente a sua tarefa inumana na obra do homem que não trepidou em escrever: Les choses du monde ne m'intéressent que sous le rapport de l'intellect; tout par rapport à l'intellect". Dessa verdadeira idéia obsidente, que não chega nunca a cristalizar-se uma filosofia e cuja aparencia poderia indicar um quadro psicopático, deu-nos Valéry um relato de fidelidade alucinante neste estranho mais sedutor livro que é "Mr. Teste", sem duvida a sua obra-prima.

A fantasia de um Edgar Poe, despojada de toda e qualquer ligação com o mundo sensivel, a expressão do pensamento que se volta sobre si mesmo, essa quase estilização da esquizoidia, dá um tal poder de convicção à obscura vida das ideias às quais o proprio Valéry chama de "ideias-monstros". — geradas pelo exercicio ingenuo das nossas faculdades especulativas, que a obstinada abstração de M. Teste floresce na mais exemplar criação poética. Os extremos tocam-se assim. A crer o Gide, do "Journal", Valéry irritava-se com a sua gloria poeta: "Mais je m'en fus, moi, de la poésie". Um poeta que suspeitava da legitimidade da poesia, ou antes, um poeta cujos poemas se desenvolviam inteiramente do material usado, isto é, as palavras e suas relações por assim dizer especiais. E' ainda Gide quem diz que o proprio Valery lhe contara como é que compôs "la Pythié": achadas as rimas, surgiu pouco a pouco o poema, sem que o poeta soubesse o que ia dizer nele. Pode-se justificar assim a denominação de atividade criadora dada a tal lirismo absoluto, o que liquida a querela da "poesia pura", e tambem emparelha a poesia de Valéry à musica e à matematica.

Em um mundo onde o primado da politica é a consequencia inelutavel da acessão das massas humanas à vida publica, não ha lugar para os jogos gratuitos da inteligencia. Disso teve plena consciencia Valéry que renovou numa pagina célebre, o clamor de Hamleto, impregnado de austero desespero: "Esgotado o desejo de tentar os extremos, tendo abusado das combinações demasiado [illegible] deixar de lado os mais dif[illegible] [illegible] e ambições transcendentais. [illegible] o mundo já não precisa de vós e nem de mim".

CRITICA LITERARIA

AMORES TARDIOS

Livio XAVIER

20-10-45.

A velha historia do amor quarentão tentou ainda o sr. Ciro dos Anjos, romancista bem conhecido pelo seu livro de estreia "O amanuense Belmiro". Este "Abdias" (1) sendo a expressão de uma tendencia intelectual talvez inelutavel, porque talvez apenas disfarce uma constituição psicologica, é sem duvida, do ponto de vista meramente literario, como romance em suma obra muito mais interessante do que o primeiro livro do sr. Ciro dos Anjos. E isso porque do precario interesse que pode despertar no leitor a descrição do ambiente no qual se move a existencia de um Belmiro e das suas reações psicologicas, o sr. Ciro dos Anjos se eleva a um verdadeiro interesse emocional, pedra de toque da criação no romance. Abdias é um "carater", e a sua historia de amor é um romance, como efeito da refração sofrida pelo personagem na imaginação do romancista, ou melhor no seu temperamento. Uma analise pormenorizada de Abdias com certeza poria em evidencia traços caracteristicos comuns com Belmiro, quase como filhos do mesmo pai. Mas, não em profundeza. O interesse emocional desse professor de um colegio de meninas que se deixa, é bem o termo, apaixonar por uma delas, é real, antes como função de um delicado ajustamento de moveis psicologicos o qual vai construindo pouco a pouco, o personagem de Abdias, do que da mera superposição de situações reais. Dir-se-ia que a vida exterior não interfere com a historia do amor de Abdias senão na medida em que é necessaria certa base material para o romance. O colegio das Ursulinas, as aulas, as eternas intrigas de internato, professores e alunas, e em segundo plano, a vida domestica de Abdias mulher e filhos, nada disso tem importancia peculiar. O proprio romancista, senão deliberadamente, mas em todo o caso, com seguro instinto de escritor, não procura "apoiar-se" demasiado na realidade. Por isso mesmo, pode-se achar discutivel a necessidade de ter feito o autor morrer Carlota, a esposa, para suscitar, no amoroso, qualquer coisa como um sentimento de culpa, a fim de emprestar talvez maior realidade ao sentimento de amarga indiferença de que se acha ele possuido ao fim do romance. Um stendhaliano poderia pretender que não seria preciso fazer morrer Carlota para que Abdias se desinteressasse de Gabriela, e, fazendo lembrar que "un beau jour, on se lasse de faire tous les frais, on découvre que l'objet adoré ne renvie pas la balle: l'engouement tombe etc", poderia chamar de leviano o proprio Abdias que não viu em "De l'amour" nada que se parecesse com o seu caso. E ingrato...

(1) "Abdias", romance de Ciro dos Anjos; Livraria José Olimpio Editora, Rio, 1945.

CRITICA LITERARIA

A MÃE DE BAUDELAIRE

Livio XAVIER

Essa Mme Aufick, que deu a Baudelaire, menino, por padrasto, um militar importante o qual acabou embaixador de França e governador militar de Paris, não tem encontrado dos biógrafos do filho grandes marcas de ternura. Foi talvez pensando desagravar de algum modo a sua memoria que mr. Albert Feuillerat empreendeu resumir a tragica e, mesmo assim, a quase um seculo de distancia, á comica historia das relações pecuniárias do poeta com a sua mãe, (1).

Parece, com efeito, que, para o autor, a tanto se reduz, isto é, a uma simples questão de dinheiro, o conflito irremediavel entre a mãe e o filho, o que, se pode atestar os bons sentimentos do autor de "Baudelaire et sa mére", não deixa de confirmar a indigencia de sua psicologia. Sem fazer de Baudelaire um Edipo exemplar, poderia hoje o biógrafo do poeta permitir-se um olhar menos convencional sobre o que na obra literaria e na correspondencia de Baudelaire

"Ma mère est fantastique; il faut la craindre et lui plaire." — (Fusées, XX).

faz com que se percebam as origens da sua personalidade psiquica. Nem haveria necessidade de instituir-se em termos de uma psicanálise retrospectiva, daquelas relações entre mãe e filho. Mas bastaria para emprestar ao livro um tom mais verdadeiro, sem a preocupação incessante que mostra o autor de justificar, de um ponto de vista moralizante, as menores ações de Mme. Aufick, em relação ao patrimonio do filho, interdito por pródigo, uma noção mais justa do carater do poeta. Porque, para utilizar, contra o autor, um ingenuo argumento usado por ele proprio, sem Mme Aufick, Baudelaire não poderia ter existido. Um exemplo, entre muitos, da excessiva ternura que mr Feuillerat dedica ao tipo de Mme. Aufick é que, relatando o caso deu mais letra de que o poeta pretendeu fazê-la aceitante: "Elle s'imagina qu'on voulait la rendre responsable du paiement de la somme"... "Jusqu'au jour où elle reçut l'avis pour retirer la traite, elle fût torturée par le soupçon qu'elle aurait à régler cette dette" (pg. 116). E, por ocasião de um protesto de outra letra, diz o biógrafo: "Elle en tomba malade de contes". A vivacidade das expressões achadas para mostrar a infelicidade é de certo sinal de uma simpatia excessiva. Tanto mais quando mr. Feuillerat acha tocante prova de generosidade de Mme Aupick que ela tivesse mandado ao filho que em Paris se achava "na mais profunda miseria, sem ter mesmo o que comer", um chale do tempo em que ela fazia figura elegante na sociedade. Convem não esquecer que Mme. Aufick não era nerosidade de Mme Aufick que ela tivesse coitado do poeta ficou contudo tão comovido com o envio do chale que não teve animo de vendê-lo. Não se pode dizer que o livro de mr Feuillerat concorra para a maior gloria da mãe de Baudelaire. Não faz dela senão um anjo-da-guarda um pouco serodio, e não lhe melhorou a fama de estreiteza de idéias e apêgo ao dinheiro.

(1) "Baudelaire et sa mere", de Albert Feuillerat, Variétés, Montréal, 1945.

No ambiente particular, a prática da reunião de notícias é igualmente hábito comum. Recortes de notícias remetem a lembranças, explicitam interesses particulares, demonstram certa sistematização e gosto pela reunião de informações por parte de seus colecionadores. Assim, não é raro encontrar em arquivos pessoais de jornalistas ou profissionais que atuaram nos meios de imprensa esse tipo de sistema de guarda de informações. Até mesmo, em arquivos ou coleções de períodos mais recentes, como no caso da Coleção Vlado, reunida por Clarice Herzog sobre a repercussão do assassinato de seu marido, o jornalista Vladimir Herzog.[7]

No caso do arquivo de Lívio Xavier, chama a atenção que, ademais dos recortes de notícias, o formato tradicionalmente utilizado para o armazenamento de *clippings* foi utilizado repetidamente durante o processo de tradução de obras em língua estrangeira, especialmente quando o formato das folhas do livro a ser traduzido era menor que o tamanho A4.

Lívio Xavier foi um tradutor renomado. Traduziu importantes trabalhos de notáveis autores, como Georg W. F. Hegel, Nicolau Maquiavel, Rosa Luxemburgo. Pela qualidade de seu trabalho e posição política, foi escolhido pessoalmente por Leon Trotsky para ser o responsável pelas edições em português no Brasil de sua obra.

---

7 A Coleção Vlado foi doada ao Cedem, em 2015, por Clarisse Herzog e encontra-se catalogada e disponível para consulta. É formada essencialmente por *clippings*, mas também é possível encontrar nela outros documentos como cartas, discursos, convites, poesias, partes de processos judiciais, entre outros, reunidos sempre em torno da repercussão da morte do jornalista Vladimir Herzog, em 25 de outubro de 1975.

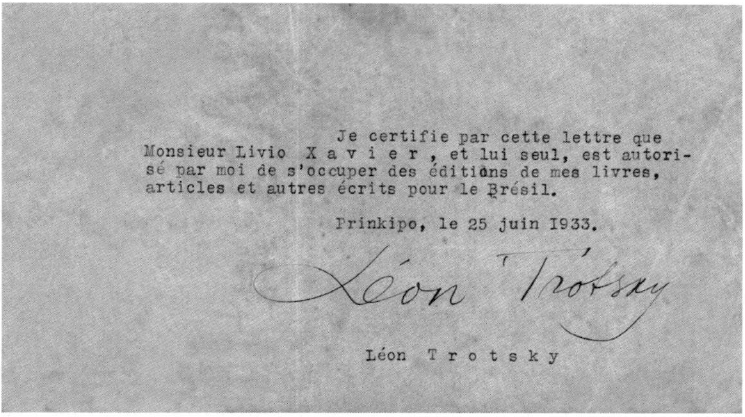

Je certifie par cette lettre que Monsieur Livio X a v i e r , et lui seul, est autorisé par moi de s'occuper des éditions de mes livres, articles et autres écrits pour le Brésil.

Prinkipo, le 25 juin 1933.

Léon Trotsky

Léon T r o t s k y

Certificado de exclusividade de trabalho, emitido por Leon Trotsky a Lívio Xavier. Cedem. Fundo Lívio Xavier.[8]

Entre as versões originais das traduções se destacam os livros: *A mulher e o socialismo*, de August Bebel; *Raça e racismo*, de Ruth Benedict; *Contribuição para a história do cristianismo primitivo*, de Friederich Engels; *Minha vida* e *O problema do regime soviético*, de Leon Trotsky; *A história como pensamento e como ação*, de Benedetto Croce.[9]

É possível encontrar no arquivo todo o processo de trabalho envolvido nas traduções. Desde os livros originais, com predominância do idioma francês, às primeiras versões manuscritas ou datilografadas, seguidas pelas versões subsequentes datilografadas, com marcas de revisão feitas à mão. Documentos burocráticos relativos às editoras que o contrataram – como cartas, bilhetes, contratos e recibos dos serviços prestados – também demonstram de modo muito interessante o processo de trabalho.

8 "Eu certifico por esta carta que o senhor Lívio Xavier, e somente ele, é autorizado por mim a cuidar das edições dos meus livros, artigos e outros escritos para o Brasil." Prinkipo, 25 de junho de 1933. In: Certificado de exclusividade de tradução. Cedem. Fundo Lívio Xavier, caixa LX-021.

9 Cedem. Fundo Lívio Xavier, caixas LX-011, LX-016 e LX-17

Suas traduções refletem a grande erudição que possuía e, com frequência, alinhavam-se à ideologia política que sempre o acompanhou.

O acervo de Lívio Xavier e os desafios da organização de arquivos pessoais

Segundo Heloísa Belloto (1998), arquivos pessoais são interdisciplinares por excelência e permitem um grande espectro de possibilidades investigativas. O interesse, que até bem pouco tempo atrás era escasso, hoje tornou-os uma fonte privilegiada para a pesquisa, cada vez mais requisitada. Em decorrência da crescente demanda, instituições arquivísticas têm voltado esforços para a avaliação e incorporação de arquivos pessoais, organizando e franqueando acesso público.

Arquivos de particulares são tão instigantes quanto complexos. Formam-se a partir do conviver e atuar em sociedade, e refletem a gestão da vida a qual todos se dedicam no cotidiano. Materializam-se em registros documentais decorrentes do dia a dia. Documentos de arquivos pessoais registram eventos, preservam lembranças e marcam presença no eixo tempo-espaço da biografia do titular, proporcionando balizas à sua história e à do meio no qual ele interage socialmente. A organicidade típica e inerente aos documentos de arquivo, no âmbito pessoal, articula apontamentos, estimulando a consolidação de memórias, impressões, sentimentos e histórias.

Livres da imposição estrita do direito administrativo, regulador de rotinas e atividades em instituições, os arquivos pessoais formam-se a partir da existência diária, assimilando grande diversidade de formatos, linguagens, formas, suportes e técnicas de registro utilizadas para documentar.

Telê Ancona Lopez (2007, p.33) destaca que as bibliotecas de escritores têm se mostrado de capital interesse para a compreensão dos caminhos tomados por poetas, ficcionistas, críticos ou jornalistas, podendo ou não ser conservadas no interior de acervos completos, conjugadas a arquivos ou coleções. No caso do acervo de Lívio Xavier e em consonância com seu arquivo pessoal, uma importante coleção de livros revela quais eram os seus gostos pessoais de leitura e de atuação profissional. Dialoga diretamente com os documentos cuidadosamente guardados, proporcionando importantes informações sobre a atuação profissional.

Philippe Artières (1998) entende a formação do arquivo pessoal com dupla função: se por um lado se baseia em normativas sociais para o viver, por outro se baseia igualmente, senão quase contraditoriamente, em uma intenção autobiográfica por meio da prática de arquivamento do eu.

> Arquivar a própria vida é se pôr no espelho, é contrapor à imagem social a imagem íntima de si próprio, e nesse sentido o arquivamento do eu é uma prática de construção de si mesmo e de resistência. (Artières, 1998, p.11)

Essa perspectiva se opõe diretamente à concepção tradicional do princípio da naturalidade da produção de documentos de arquivos, o qual remete ao fato de os registros se acumularem em um processo rotineiro e constante. Como consequência, surge a série documental – agrupamento elementar e obrigatório em arquivos por se vincular ao próprio conceito de arquivo. Nesse sentido, Ana Maria Camargo afirma que

> os documentos de arquivo não se definem por si, nem têm existência autônoma: o que os caracteriza é o elo de pertencimento ou derivação (função sintática expressa sempre pela preposição *de*) que mantém para com a pessoa física ou jurídica que lhes deu origem. (Camargo, 2015, p.12)

A lógica da contextualização arquivística deve, assim, obrigatoriamente seguir o princípio da proveniência, mesmo em arquivos pessoais. A proveniência remete à compreensão da origem comum dos documentos que compõem um arquivo, enquanto peças articuladas de uma mesma pessoa, seja física ou jurídica. Na qualidade de princípio basilar da teoria arquivística, estabelece que os documentos originários de uma instituição ou pessoa devem manter sua individualidade, não podendo ser misturados com os de outras origens. Dessa forma, evitam-se prejuízos de compreensão do significado da existência dos documentos (criação *versus* uso), enquanto registros de atos específicos ocorridos em determinada realidade. De igual modo, evitam-se possíveis equívocos de interpretação das informações transmitidas.

A correta aplicação do princípio de proveniência mantém estreita relação com o reconhecimento da titularidade de um arquivo, elemento fundamental para a definição do nome a ser dado a um conjunto de documentos. A titularidade de um arquivo deve ser entendida como a pessoa ou entidade, responsável por gerar um arquivo ou coleção.

Documentos ocultos

Um dos motivos de determinadas temáticas ou sujeitos serem pouco estudados não é exatamente a ausência de fontes documentais a respeito, mas antes o problema de organização ou difusão de documentos que lhes referenciam.

Diante disso, o rastreamento da rede de colaboração na qual o protagonista está inserido é capaz de iluminar questões obscuras. Frequentemente, a interpretação dos documentos está submetida a filtros impostos pela trajetória arquivística ou contexto de acumulação e guarda da documentação. Muitas vezes, os arquivos se "escondem", no sentido de que o reconhecimento da proveniência pode vir a sofrer prejuízo em decorrência da procedência da documentação.

Procedência é um conceito essencialmente distinto da proveniência. É o termo utilizado para designar a origem mais imediata do arquivo quando este dá entrada em uma entidade de custódia permanente (Arquivo Nacional, 2005). Em uma metáfora simplória, seria o equivalente a informar o endereço de residência anterior do titular, depois de efetivada a mudança de casa.

A sobreposição de titulares distintos em um mesmo arquivo é um problema que afeta a identificação da proveniência e encobre documentos preciosos. Algumas vezes se traduz quase em uma hierarquia de titularidade imposta pela procedência, na qual o último endereço de guarda se sobrepõe à proveniência – ocasionando subversão do conceito.

Arquivos estão repletos desses casos. Em detrimento de exemplos diretos, essa questão é facilmente percebida quando, no plano de classificação de um fundo pessoal, o nome do nível hierárquico mais alto determinado pela proveniência (que deve ser o do próprio titular) encontra nomes de níveis hierárquicos inferiores (grupos, subgrupos e séries) remetendo a outras origens (nomes de outros titulares). Quando essa situação aparece em um plano classificatório, há duas possibilidades: 1) houve a aglutinação de documentos de proveniências distintas em um mesmo fundo; ou 2) a classificação empregada seguiu critérios temáticos, substituindo as recomendadas funções e atividades originais, geradoras de documentos, como parâmetro para a organização arquivística, privilegiando a atribuição de assuntos para essa finalidade – sempre parcial e condutora, por restringir possibilidades de pesquisa.

Em outras situações, em um arquivo pessoal, a acumulação natural de documentos encontra a guarda de documentação diversa da proveniência da titularidade do arquivo, ao passar a abrigar um conjunto de documentos originários de diferente contexto

Elsie Houston e Lívio Xavier. Cedem. Fundo Lívio Xavier. Autor desconhecido.

de produção e acumulação. Traduz-se na iniciativa de reunir e velar por documentos de outrem.

No arquivo de Lívio Xavier pode ser verificada essa última complexidade, a existência de documentos cuja titularidade tem origem diversa, quando nos deparamos com cartas, fotos, convites e outros documentos da cantora lírica Elsie Houston e do poeta surrealista francês Benjamin Péret. Para poder melhor discutir esse ponto, antes é preciso recuperar a rede de relações íntimas tecida entre os personagens.

Lívio conheceu as irmãs Houston, Elsie e Mary, em sua juventude, quando estudava no Rio de Janeiro. Os três se tornaram amigos, compartilharam experiências e imortalizaram momentos em forma de documentos. O tom de intimidade das cartas e as imagens fotográficas existentes revelam os profundos laços pessoais que os uniam.

Elsie teve uma bem-sucedida carreira no canto lírico, iniciando seus estudos em Paris aos 20 anos e retornando ao Brasil em diversas ocasiões para estudar ou se apresentar, assim como em diversos outros países europeus. Além do repertório composto por música erudita, voltou seus interesses artísticos para a pesquisa e a apresentação de músicas brasileiras com forte influência indígena e africana, área de interesse do modernismo brasileiro.

Frequentadora do meio artístico e intelectual, conhece o poeta surrealista Benjamin Pèret, com quem se casaria em abril de 1928. Como padrinhos, contaram com a presença do escritor surrealista francês André Breton e do compositor modernista brasileiro Heitor Villa-Lobos (Palmeira, 2000). Com a união, Péret torna-se cunhado de Mário Pedrosa, então casado com Mary Houston, irmã de Elsie: Pedrosa era grande amigo e companheiro de militância política de Lívio Xavier. É estabelecida, assim, uma forte ligação nesse grupo com base em profundas afinidades familiares, pessoais, intelectuais, ideológicas e políticas. Intimidade fortemente presente na documentação tanto do arquivo de Lívio Xavier quanto do arquivo de Mário Pedrosa,[10] que se completam de forma bastante interessante, ainda que preservem a individualidade característica de suas proveniências.

---

10 Cedem/Cemap. Fundo Mario Pedrosa Xavier.

Poucos meses após as bodas, o casal se muda para o Brasil, já com a prévia intenção de realizar uma jornada etnográfica. Segundo Palmeira (2000), a viagem de Benjamin Péret ao Brasil começa a ser planejada no final de 1928, configurando um elo direto de ligação entre o interesse surrealista por objetos etnográficos e povos primitivos e o próprio Brasil. Junto com a esposa, Péret tencionava mergulhar em um universo que até então era pouco conhecido, mas que despertava seu interesse, fazendo uma expedição para realizar um documentário e adquirir objetos indígenas que serviriam ao seu processo reflexivo artístico. Com essa motivação, o jovem casal desembarca ao Brasil no início de 1929, com uma série de cartas de apresentação à sociedade.

Além dos interesses tipicamente advindos de sua arte, Benjamin Péret era filiado ao Partido Comunista Francês desde 1925 e declarado opositor do "domínio da burocracia stalinista". De acordo com Jean Puyade (2005), Péret permaneceu um poeta e um militante revolucionário até o fim de sua vida, sem jamais misturar os dois planos de atividade nos quais atuava (arte e militância). Desse modo, mais do que laços familiares e de amizade, ideais trotskitas eram um denominador comum entre Lívio Xavier, Mário Pedrosa, Aristides Lobo e o poeta. Juntos fundaram a Liga Comunista. Péret, por suas habilidades, era membro da comissão de agitação e propaganda.

O conjunto de documentos pertencentes a Elsie Houston e Bejamin Péret, evidentemente, muito longe de constituir um microfundo pessoal submetido a um agrupamento maior, configura-se mais como vestígio residual, em parte representativo do casal durante sua estadia no Brasil, em parte representativo da vida da cantora quando solteira, documentada em forma de correspondência, fotografias, programas, além de outros documentos em formatos variados.

A acumulação dessa documentação por Lívio Xavier tem explicação na confiança que lhe foi depositada para a preservação de parte da intimidade do casal Houston-Péret. Em 1931, o casal parte para Paris, França, em razão da perseguição da polícia política do governo de Getúlio Vargas a Bejamin Péret – que havia então sido preso e expulso do Brasil por suas atividades políticas.[11] Pouco tempo depois, em 1933, o casal se separa. Elsie vai viver em Nova York e Péret se mantém na França.

Lívio Xavier, amigo de juventude de Elsie Houston, com quem sempre trocou profícua correspondência, nesse processo de mudança na vida da cantora, tornou-se guardião de parte das lembranças de sua amiga. Com o passar dos anos, seguiu reunindo informações sobre a cantora, mesmo após a sua morte.

Com esse exemplo é possível perceber como a Identificação Documental, metodologia utilizada pela Arquivologia para o reconhecimento e determinação da origem de documentos, é uma importante ferramenta para o trabalho de análise histórica das fontes.

Em arquivos pessoais, a Identificação Documental se destaca por possibilitar uma organização que vai além dos aspectos físicos do documento, já que permite uma visão mais ampla, aprofundada pelos estudos sobre proveniência e organicidade. Compreender a lógica de formação dos arquivos pessoais é de suma importância para a sua organização e interpretação. Consequentemente, estudos sobre a gênese são essenciais, sobretudo quando a documentação se encontra desordenada (Troitiño; Fonseca, 2016).

A Identificação Documental permite analisar o documento em dois planos distintos. No primeiro, o documento é verificado de forma individualizada, enquanto o segundo o considera de forma articulada às demais peças documentais dentro do conjunto orgânico ao qual pertencem. Em um plano, são trazidas à tona características exclusivas de cada registro, especialmente as relativas ao momento de criação (local, data, pessoas envolvidas, condições

11 Apesp. Fundo Deops-SP, prontuário n.3902.

etc.). No outro, os contextos de acumulação e guarda dos documentos são evidenciados, ambos bastante significativos para a compreensão da constituição do fundo, além de esclarecedores da trajetória arquivística ao qual foram submetidos.

Não é raro, no Brasil, que os conceitos vinculados aos termos proveniência e procedência se justaponham, ocasionando problemas de interpretação classificatória no momento da organização arquivística de acervos. Como consequência da ocasional opacidade da proveniência de um arquivo pessoal, há a elevação no grau de dificuldade da contextualização da informação de cunho privado. Nesse ponto, o suporte fornecido pelo emprego de uma adequada metodologia, aliada à fundamentação teórica, traz consistência e segurança a todo o processo de representação da informação, proporcionando a construção de instrumentos de pesquisa adequados e facilitadores do acesso ao que antes se encontrava disperso.

Diversidade e potencial de pesquisa

Já caminhando para uma finalização desta reflexão, compartilhamos da posição de Heloísa Bellotto (2004) ao se referir a um fundo de arquivo como um "universo arqueológico" a ser descoberto por meio de procedimentos típicos da organização arquivística, como a identificação, o estabelecimento de balizas cronológicas e tópicas, a ordenação, a descrição e a análise documental a fim de colocar suas informações em condição de apreensão e uso plenos.

Com frequência, arquivos pessoais possuem diversas facetas e dão abertura para interpretações díspares, ficando seu titular, muitas vezes, no limiar entre o guardador/acumulador de documentos de interesse particular e o agente proativo na reunião e preservação de registros documentais sobre suas atividades pessoais (Troitiño; Fonseca, 2016). O historiador inglês Peter Burke considera ser:

impossível estudar o passado sem a assistência de toda uma cadeia de intermediários, incluindo não apenas os primeiros historiadores, mas também os arquivistas que organizaram os documentos, os escribas que os escreveram e as testemunhas cujas palavras foram registradas. (Burke, 2017, p.24)

O crescente interesse de historiadores por fontes de pesquisa de origem particular é destacado por Paulo Roberto Elian dos Santos (2012) ao considerar a capacidade apresentada pelo arquivo pessoal em meio a ações que revelam os vínculos do indivíduo com instituições sociais, em estreita ligação com as relações de amizade e de amor, escolhas intelectuais, obsessões etc. A relação entre privado e público seria, então, indissociável.

O arquivo de Lívio Xavier é um desses casos no qual o interesse pela vida do personagem e complexa rede de relações da qual participava se alia ao alto potencial informativo presente nos documentos de seu fundo. Como resultado, a multiplicidade de possibilidades de pesquisas ganha horizonte: são muitas e variadas. Aventurar-se nesse universo é um convide à produção do conhecimento.

Referências bibliográficas

ARQUIVO NACIONAL (Brasil). *Dicionário brasileiro de terminologia arquivística*. Rio de Janeiro: Arquivo Nacional, 2005.

ARTIÈRES, P. Arquivar a própria vida. *Revista Estudos Históricos*, Rio de Janeiro, v.11, n.21, jul. 1998, p.9-34. ISSN 2178-1494. Disponível em: <http://bibliotecadigital.fgv.br/ojs/index.php/reh/article/view/2061>. Acesso em: 19 jun. 2017.

BELLOTO, H. L. *Arquivo permanente:* tratamento documental. 2.ed. Rio de Janeiro: Editora FGV, 2004.

______. Arquivos pessoais em face da teoria arquivística tradicional: debate com Terry Cook. *Revista Estudos Históricos*, Rio de

Janeiro, v.11, n.21, jul. 1998, p.201-208. ISSN 2178-1494. Disponível em: <http://bibliotecadigital.fgv.br/ojs/index.php/reh/article/view/2063>. Acesso em: 12 jun. 2017.

BURKE, P. *Testemunha ocular, o uso de imagens como evidência histórica*. São Paulo: Editora Unesp, 2017.

CAMARGO, A. M. A. Arquivos não falam. In: OLIVEIRA, L. V.; VASCONCELLOS, E. (orgs.). *Arquivos pessoais e cultura:* uma abordagem interdisciplinar. Rio de Janeiro: Fundação Casa de Rui Barbosa, 2015.

CEDEM – Centro de Documentação e Memória da Unesp. Fundo Lívio Xavier.

ELSIE, H. In: *Enciclopédia Itaú Cultural de Arte e Cultura Brasileiras*. São Paulo: Itaú Cultural, 2017. Disponível em: <http://enciclopedia.itaucultural.org.br/pessoa635377/elsie-houston>. Acesso em: 19 jun. 2017. Verbete da Enciclopédia.

LEJEUNE, P. O guarda-memória. *Revista Estudos Históricos*, Rio de Janeiro, v.10, n.19, jul.1997, p.111-120. ISSN 2178-1494. Disponível em: <http://bibliotecadigital.fgv.br/ojs/index.php/reh/article/view/2042>. Acesso em: 18 jun. 2017.

LOPEZ, T. A. A criação literária na biblioteca do escritor. *Cienc. Cult.*, São Paulo, v.59, n.1, mar. 2007, p.33-37. Disponível em: <http://cienciaecultura.bvs.br/scielo.php?script= sci_arttext&pid=S0009-67252007000100016&lng=en&nrm=iso>. Acesso em: 1 jul. 2017.

MARQUES NETO, J. C. *Solidão revolucionária:* Mário Pedrosa e as origens do trotskismo no Brasil. Rio de Janeiro: Paz e Terra, 1993.

PALMEIRA, M. R. S. S. *Poeta, isto é, revolucionário*: itinerários de Benjamin Péret no Brasil (1929-1931). 2000. Dissertação de Mestrado – Universidade Estadual de Campinas (Unicamp). Instituto de Estudos da Linguagem.

PUYADE, J. Benjamin Péret: um surrealista no Brasil (1929-1931). *Revista Conexão Letras*, Linguística/Literatura e História, Porto Alegre, v.1 n.1, out. 2005, p.47-68. Programa de Pós-Graduação em Letras da UFRGS, Disponível em: <http://www.seer.ufrgs.br/conexaoletras>. Acesso em: 25 jul. 2017.

SANTOS, P. R. E. Arquivo pessoal, ciência e saúde pública: o arquivo Rostan Soares entre o laboratório, o campo e o gabinete. In: SILVA, M. C. S. M.; SANTOS, P. R. E. (orgs.). *Arquivos pessoais:* história, preservação e memória da ciência. Rio de Janeiro: Associação dos Arquivos Brasileiros, 2012.

TROITIÑO, S.; FONSECA, G. A. A aplicabilidade da Identificação Documental em arquivos pessoais: uma reflexão. *Ibersid*, Zaragoza, v.10, 2016, p.33-40.

XAVIER, L. Poesia e cinema, as artes que sobreviverão. *O Estado de S. Paulo*, 1 jul. 1979. Entrevista concedida a Nilo Scalzo, Frederico Branco e Lourenço Dantas Mota.

Capítulo 4
Potencialidades da correspondência no acervo de Lívio Xavier

Tania Regina de Luca

Os deslocamentos que marcaram a construção do conhecimento histórico nas últimas décadas asseguraram inédita centralidade a documentos antes pouco utilizados, ou mesmo negligenciados. Nesse rol incluem-se as cartas, a despeito de o gênero epistolar acumular longa tradição[1] e de estar muito bem estabelecida, na produção ficcional, a fórmula romanesca segundo a qual o acaso conduz à descoberta de um velho maço de correspondências, que permite acompanhar a trajetória "real" dos missivistas. O fato é que esse material tem atraído a atenção não apenas de crescente número de especialistas, mas também de um público amplo, como atestam os diferentes projetos editoriais disponíveis no mercado, alguns com grande requinte e apuro gráfico.

Para tal interesse confluíram diferentes circunstâncias, com destaque para a apontada num livro que se tornou clássico sobre o tema e que alertava para a tendência, já evidente no final do século

1 Vejam-se três textos clássicos sobre o tema, o *Rationes dictanti* (século XI), do chamado Anônimo de Bolonha, e *Brevissima formula* (1520), de Erasmo de Roterdã, e *Epistolica institutio* (1590), de Justo Lípsio, reunidos em *A arte de escrever cartas* (Organização e notas de Emerson Tin. Campinas, SP: Unicamp, 2005).

passado, do desuso a que estava condenada essa forma de comunicação diante das então recém-disseminadas mensagens eletrônicas, (Galvão, 2010, p.10) capazes de transmitir dados em tempo real, tornando dispensáveis e obsoletos os rituais que cercavam (e ainda cercam) a escritura e o vaivém das correspondências, com seus deslocamentos espaciais, dependentes dos meios de transporte disponíveis em cada momento histórico. Aliás, não foi senão no século XIX que o sistema de correios organizou-se, em nível internacional e nacional, cabendo lembrar que o Brasil foi a segunda nação do mundo a adotar a emissão de selos em 1843, três anos depois da Inglaterra.[2] Já a introdução do vapor nas viagens marítimas, que se difundiu a partir de meados dos Oitocentos, reduziu significativamente o tempo das travessias transatlânticas, tornadas ainda mais rápidas com o serviço aéreo postal.

Se as cartas também remetem à história da circulação e dos meios de transportes, são os protocolos que regem a produção dessa prática social, que se desvanece rapidamente no mundo contemporâneo, que fascinam os pesquisadores envolvidos em sua decifração.

E, para começar, os aspectos materiais. Estes pressupunham a escolha do papel e do envelope, em sua incontável gama de possibilidades: folhas com monogramas e ex-líbris, por vezes delicadamente perfumadas, as que ostentavam timbres de empresas ou

2 Pelos decretos 254 e 255, de 29/11/1842, do presidente do Conselho de Ministros, Cândido José de Araújo Vianna, foi criado e regulamentado o serviço de Correios e estabelecidos os valores das correspondências; para dar cumprimento à legislação editou-se a portaria de 23/2/1843, do presidente do Tesouro, Joaquim Francisco Vianna, e o provedor da Casa da Moeda do Rio de Janeiro determinou a gravação dos primeiros selos, que vieram a público em 1/8/1843. Legislação disponível em: <http://legis.senado.gov.br/legislacao/ListaPublicacoes.action?id=84207>. Acesso em: fev. 2016.

traziam títulos de jornais e revistas, grafados de modo a expressar o projeto estético de seus idealizadores, ou os impessoais pedaços de papéis encontráveis ao alcance da mão. Já a forma da escrita em si, com a letra ora apressada, a denunciar a rapidez com que foi redigido o texto, não raro acompanhado de justificativas ("escrevo às pressas para não perder o correio [...]", "vai uma nota rápida sobre [...]", "duas palavras a respeito [...]"), ou a irritação e contragosto que o motivou; ora a caligrafia caprichosa, que se espalha, formando um conjunto harmonioso, sugerindo investimento na fatura, quiçá precedida de um rascunho em que o remetente escondeu os ensaios, tentativas e erros na busca dos melhores termos, capazes de expressar sentimentos e ideias de profunda discordância ou cumplicidade. É por vezes surpreendente quanto se tenta aproveitar o pequeno espaço que resta ao pé da página: comprime-se a letra, vira-se a folha e preenchem-se todas as bordas, num percurso sinuoso que intenta completar uma ideia ou acrescentar algo, procedimento que denota uma escritura "ao correr da pena", para retomar o famoso título dos folhetins de José de Alencar no *Correio Mercantil*. Sublinhados, letras maiúsculas, espaçamentos e outras estratégicas gráficas são empregadas para atrair a atenção do destinatário para pontos específicos que se desejavam enfatizar.

Sem esquecer que, a partir do final do século XIX, já era possível contar com a intermediação mecânica, que tanto debate suscitou entre os intelectuais do tempo. Se Lima Barreto denunciava o custo "desses desgraciosos aparelhos", que o obrigavam ao trabalho fatigante e cansativo de "escrever à pena e passar a limpo à máquina", prática bem conhecida entre os primeiros usuários que se aventuraram a digitar nos recém-lançados computadores, Monteiro Lobato, na mesma época, curvava-se à praticidade e declarava ao amigo Godofredo Rangel: "Que péssima letras tens – ainda pior do que a minha! Precisamos arranjar máquinas de escrever" (apud Süssekind, 1987, p.27). Em 1925 era Mário de Andrade que comemorava a compra de uma Remington, carinhosamente denominada Manuela, homenagem ao amigo Manuel Bandeira, com quem compartilhou suas primeiras experiências:

> Engraçado, por enquanto me sinto todo atrapalhado de escrever diretamente por ela. A ideia foge com o barulhinho, me assunto, perdi o contato com a ideia. Isso: perdi o contato com ela. Não apalpo ela. Mas isso passa logo, tenho a certeza e agora é que você vai receber cartas bonitas de mim. (Moraes, 2001, p. 200-201)[3]

Por vezes, às ideias expressas em palavras, à mão ou à máquina, somavam-se os rabiscos, esquemas ou desenhos misturados ao texto ou que o acompanhavam, com destaque para o hábito de trocar retratos, com dedicatórias e autógrafos. Mário de Andrade, por exemplo, esboçou um mapa na carta que enviou a Rodrigo Franco e, bastante aflito, solicitava: "por favor, me mande dizer com a maior urgência se na esquina da Praça Tiradentes que assinalei no desenho abaixo [...]" (Andrade, 1981, p.127). Já um Monteiro Lobato apaixonado brincava com a noiva Purezinha, residente em São Paulo, e remetia de Taubaté, onde era promotor público, missiva acompanhada de cartão no qual pintou um simpático diabo (Lajolo, 2006, p.25). O mesmo Lobato acumulou extensa correspondência de seus leitores infantis que, com a sua letra ainda hesitante, opinavam sobre as histórias e o presenteavam com desenhos.[4] Exemplos

---

3 O organizador reproduz carta dirigida a Luís da Câmara Cascudo, enviada do interior de São Paulo onde passava férias e datada de junho do mesmo ano, portanto dois meses após a aquisição da Manuela, na qual Mário confessa: "Estou sentindo uma dificuldade dos diabos escrevendo à mão".

4 Ver o texto elaborado por Flávio Lange em 1939 e reproduzido por Carmen Lucia de Azevedo, Marcia Camargos e Vladimir Saccheta (2001, p.328).

da infinita variedade de suportes não faltam, como testemunha o belo volume que reúne fac-símiles de 204 cartas pertencentes ao acervo de Guita e José Mindlin (2008).

Igualmente interminável é a gama de possibilidades a unir destinatários e remetentes: cartas trocadas na intimidade familiar, entre apaixonados, amigos, inimigos, colegas, correligionários e mesmo entre desconhecidos, recebidas ou enviadas por indivíduos comuns e/ou personagens de relevo; dirigidas a instituições públicas ou privadas, aos que detêm ou aspiram deter o poder, nas suas variadas acepções. Mais importante do que fazer um inventário, de resto sempre incompleto e parcial, é destacar os diferentes protocolos em termos de tratamento, fórmulas consagradas de abertura e encerramento que não só dizem respeito às regras de urbanidade e bom tom vigentes num dado momento, mas também deixam entrever hierarquias e estratégias que enredavam os missivistas e podem revelar práticas sociais, abrindo novas e instigantes possibilidades analíticas, como aliás revelam os trabalhos acadêmicos sobre tema.[5]

As cartas no acervo de Lívio Xavier

O fundo Lívio Xavier contém um conjunto diversificado de cartas e quando o pesquisador, instalado na sala de consulta do Cedem, recebe as várias caixas, cada uma contendo diversas pastas com dezenas de folhas, a sensação é, a um só tempo, de encantamento e desespero. Há o prazer da descoberta, pois é possível passar de uma carta remetida do interior do Ceará por um amigo de infância ou parente próximo ao jovem que estudava longe de sua

5 Ver, por exemplo, Gomes (2004); Bastos; Cunha; Mignot (2002); Moraes (2007) e o número especial dedicado ao tema da revista *Teresa* (n.8/9, 2008).

cidade natal a outra proveniente da editora que anuncia a remessa gratuita de todos os livros que publica, "pequena homenagem ao fino homem de letras", mas sem deixar de solicitar que "nos mandasse recortes dos jornais em que saíram as críticas literárias" e finalizar de forma a não deixar dúvidas de que se tratava de uma troca de favores (livros gratuitos por resenhas): "Crente de merecer de V. S. uma resposta sobre o assunto, aqui aguardamos as ordens do ilustre confrade".[6] À proposta, que ainda tentava envolver a negociação no manto da gentileza, sucede-se outra, datada de 1955 e com timbre da Livraria Agir Editora, fundada uma década antes por Austregésilo de Ataíde, na qual não se faziam rodeios:

> Preciso boa nota sobre o livro Sturzo (pode não ler a obra, mas dê a nota que lhe será fácil por você conhecer o autor). Mas recomendo-lhe vivamente a leitura de *Filosofia do governo* democrático de Yves Simon. Esta obra merece atenção e reflexão. E sem favor, um artigo. Na Agir estou à sua disposição esperando que você diga das nossas edições alguma obra de interesse para si.[7]

Os exemplos poderiam incluir as cobranças sobre traduções, as condições da edição de livro de Lívio Xavier, convites e agradecimentos pela presença em concertos e recitais, notificação de recebimento de prêmio literário,[8] agradecimento por resenhas que

---

6 Carta enviada à Redação do *Diário de S. Paulo* por José Candido de Carvalho, diretor de publicidade da ABC Editora, do Rio de Janeiro, em 20/2/1939.

7 Carta remetida do Rio de Janeiro em 7/11/1955, por Paulo de Castro e endereçada à redação do jornal *O Estado de S. Paulo*.

8 Veja-se a carta enviada por Antonio Carlos Pacheco e Silva, presidente do PEN Club de São Paulo, em 7/5/1976, comunicando a concessão da Medalha de Mérito Literário, categoria prosa. A distinção foi motivada pelo lançamento de Lívio Xavier (1975), reunião de textos de crítica literária publicados na imprensa.

satisfizeram ao autor ou longas cartas que debatiam interpretações, a exemplo da enviada por Caio Prado Júnior que explicitava as discordâncias em relação à leitura de *Evolução política do Brasil* ou a de Rui Facó, que fazia o mesmo em relação a artigo publicado na *Revista Brasiliense*.[9] Interlocutores de proa não faltam: Rachel de Queiroz pede que Lívio auxilie John W. F. Dulles, que então preparava livro sobre o comunismo no Brasil; Francisco Iglésias mandava notícias de Minas Gerais; Antonio Candido referia-se a projetos conjuntos e dava conta de sua instalação em Assis, para lecionar no recém-criado curso de Letras; Gilda de Melo e Souza agradecia as flores; Drummond remetia cartão agradecendo e elogiando o livro de cunho autobiográfico *Infância na granja*; Raul Bopp, saudoso, evocava os velhos tempos; Boris Fausto valia-se de Antonio Candido para obter um encontro; e um pesquisador francês solicitava sua ajuda para trabalho sobre os intelectuais, Trotsky e o trotskismo, Cláudio Abramo e tantos outros. Por vezes são as cartas dos anos 1920 e 1930 que surgem numa pasta, com acaloradas discussões a respeito de publicações, manifestos e rumos da esquerda, da União Soviética ou do fascismo.

Ainda que seja possível encontrar algum esboço de separação interna – agrupam-se, por vezes, cartas de um dado remetente –, o que prevalece é a surpresa a cada folha, que envia o leitor a situações e circunstâncias por vezes apartadas por várias décadas, ao que se soma o surgimento de correspondências ativas e mesmo de terceiros que insistem em se infiltrar onde não deveriam estar, solapando a já incipiente classificação.

Rastros de pessoas e acontecimentos, de muitas histórias que se entrecruzam e que exigem paciente trabalho de decifração. Ainda mais porque, no seu pequeno apartamento, Lívio Xavier encontrou espaço para abrigar a correspondência e os papéis da amiga

9 Cartas remetidas, respectivamente, em 20/9/1933 e 20/12/1961.

Elsie Houston (1902-1943), soprano de cuja família era bastante próximo, e de seu marido, Benjamin Péret (1899-1959), poeta surrealista dos mais destacados e também militante trotskista, o que acaba por multiplicar a gama de personagens e eventos que se entrelaçam, cabendo assinalar que Mário Pedrosa, de quem Lívio era muito próximo, casou-se com Mary, irmã de Elsie. O deambular pelas sucessivas caixas acabam por revelar múltiplos fios, pedaços de histórias que se desejariam explicar e completar, suspeitas e hipóteses que não se podem confirmar sem considerável investimento bibliográfico, códigos entre confidentes que teimam em não se revelar, deixando vazios que esperam para ser preenchidos.

Arlete Farge, frequentadora assídua dos arquivos, descreveu os efeitos desse contato com um mundo desaparecido:

> palavra dita, o objeto encontrado, o vestígio deixado tornam-se representações do real. Como se a prova do que foi o passado estivesse ali, enfim, definitiva e próxima. Como se, ao folhear o arquivo, se tivesse conquistado o privilégio de "tocar o real" [...]. A invasão dessas sensações dura pouco, como aliás ocorre com as miragens, pelo que se diz. Embora o real pareça estar ali, visível e palpável, na verdade só fala de si mesmo, e é ingenuidade acreditar que atingiu sua essência nesse ponto. O "retorno dos arquivos" às vezes é penoso: depois do prazer físico da descoberta do vestígio vem a dúvida mesclada à impotência de não saber o que fazer dele. (Farge, 2009, p.18)

E, de fato, o trabalho analítico inicia-se quando, ao encantamento inicial, segue-se a formulação de perguntas que, normalmente, incluem interrogações a respeito da ordenação do material. Muito se escreveu a respeito das armadilhas que se escondem atrás das divisões e dos critérios aparentemente neutros que presidem a preservação (ou o descarte) de um dado conjunto documental. No caso das cartas que estão no fundo Lívio Xavier, o desespero provém da ausência e o pesquisador, movido por um incontrolável desejo de ordenar o caos, sente-se instado a organizar mentalmente e nas suas anotações – já que não pode alterar o que se lhe apresenta – três grandes grupos: a correspondência ativa, relativamente modesta em termos quantitativos, ainda que seja necessário precisar o número exato; a recebida, que está na casa das muitas centenas; a que foi por ele recolhida, com destaque para o casal Elsie e Péret que, por sua vez, também comporta idênticos desdobramentos, sem esquecer, ainda, algumas presenças bissextas, a exemplo da carta que Alberto Venancio Filho dirigiu em 1973 a Mino Carta, então diretor da revista *Veja*, corrigindo-o a respeito dos brasileiros que integravam a confraria gastronômica francesa *Chevaliers de Tastevin*.[10]

Essa ação, aparentemente simples, já permitiria uma primeira série de questionamentos: quais foram seus principais interlocutores? Com que frequência se davam as trocas? Qual a proveniência: de familiares, amigos, da militância política, de cunho profissional? A quantificação não tem um fim em si mesmo, mas é um elemento importante para delinear diferentes redes de sociabilidades construídas no decorrer da existência e que, como se sabe, alteram-se ao sabor de conjunturas e circunstâncias por vezes fortuitas, mas também a partir de escolhas, tomadas de posição, hesitações, idas e vindas que povoam qualquer existência. A introdução da temporalidade altera a lógica cartesiana anteriormente apresentada e sugere outras veredas e atalhos que nenhum sistema de classificação é capaz de abarcar, pois aí intervém o olhar, as inquietações e as perguntas formuladas pelo leitor.

10 Carta remetida em 3/11/1973. Paulo Duarte recebeu cópia da carta e é possível que ele a tenha dado a Lívio, já que ambos encontravam-se frequentemente na redação do jornal *O Estado de S. Paulo*.

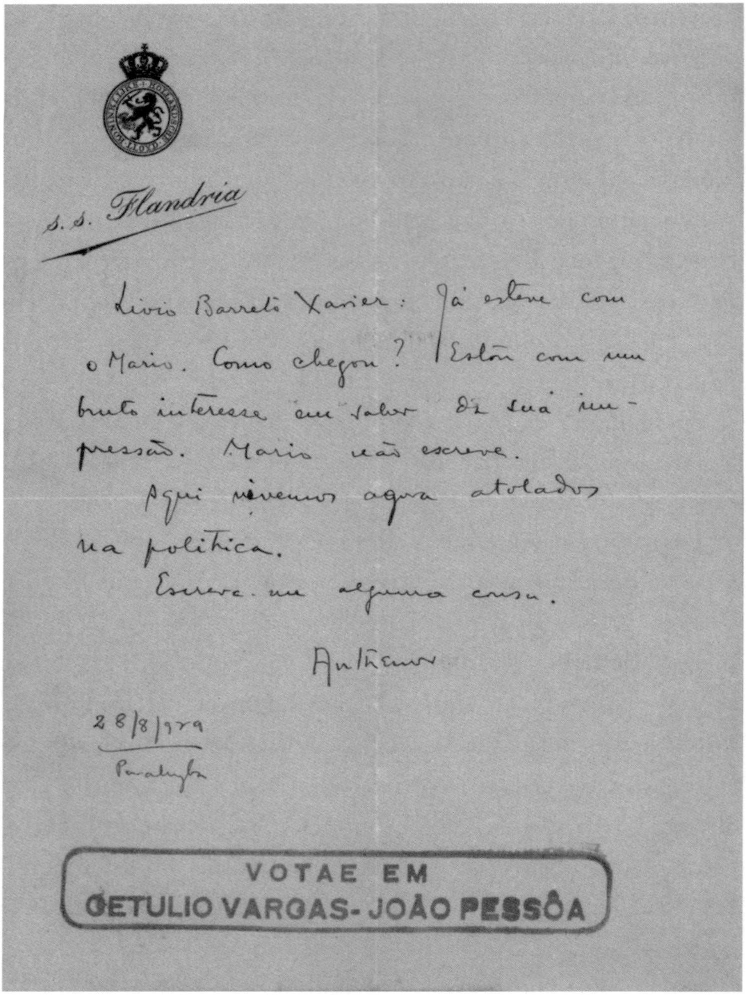

S. S. Flandria

Livio Barreto Xavier: Já esteve com o Mario. Como chegou? Estou com um bruto interesse em saber de sua impressão. Mario não escreve.

Aqui vivemos agora atolados na politica.

Escreva-me alguma cousa.

Anthenor

28/8/929

Parahyba

VOTAE EM
GETULIO VARGAS- JOÃO PESSÔA

Carta com carimbo "Votae em Getúlio Vargas". Cedem. Fundo Lívio Xavier.

Envelope com carimbo "Votae em Getúlio Vargas". Cedem. Fundo Lívio Xavier.

Envelope com carimbo "Votae em Getúlio Vargas". Cedem. Fundo Lívio Xavier.

É certo que se pode intentar reconstruir, a partir da correspondência de Lívio Xavier, um percurso biográfico, pois o acervo tem elementos para isso. Ordenadas cronologicamente, as missivas recebidas e seus envelopes, muitos dos quais conservados e permitindo acompanhar os diferentes endereços pessoais e profissionais e mesmo as disputas políticas, como o que trazia o carimbo "Votae (sic) em Getúlio Vargas-João Pessoa",[11] remetem às amizades cultivadas ainda em Granja, sua cidade natal, às preocupações maternas com o filho que partiu para estudar em Fortaleza e, em seguida no Rio de Janeiro, ao orgulho pelos resultados alcançados na capital federal, onde se formou em 1924 na Faculdade de Direito,[12] às menções à doença, que deixou sequelas pela vida afora, às preocupações paternas com o início da carreira profissional do filho e às tentativas de mobilizar amizades nos grupos locais para obter-lhe um emprego público,[13] o que só confirmam as estratégias que envolviam a obtenção de postos para os jovens bacharéis via dom e contradom.

As notícias de parentes próximos ou distantes, casamentos, formaturas, nascimentos, viagens, doenças, passamentos, mantinham

11 O mesmo carimbo encontra-se na folha da carta que Antenor Navarro, diretor da Repartição de Saneamento da Paraíba, enviou-lhe em 28/8/1929.

12 Veja-se a carta enviada de Viçosa, em 1/2/1916, pelo primo Olavo Passos: "Felicito-te entusiasticamente pelos brilhantismos exames que prestastes no Colégio de D. Pedro II. Elevando meu pensamento ao céu, elo ao bom Deus que te eleja verdadeiro apóstolo da ciência e que contiques a brilhar na senda gloriosa que encetastes para assim com um nome honrado e glorioso exaltar perante o mundo a tua família e a tua pátria".

13 Carta remetida de Granja, em 23/9/1924, na qual dava notícias da família, dizia-se informado do fracasso dos revolucionários de São Paulo e comunicava suas tratativas para ver se obtinha "um emprego que não prejudique o serviço do escritório, o qual sou de opinião que não abandones, ainda mesmo que continues fazendo pouco, pois tudo é questão de tempo e perseverança".

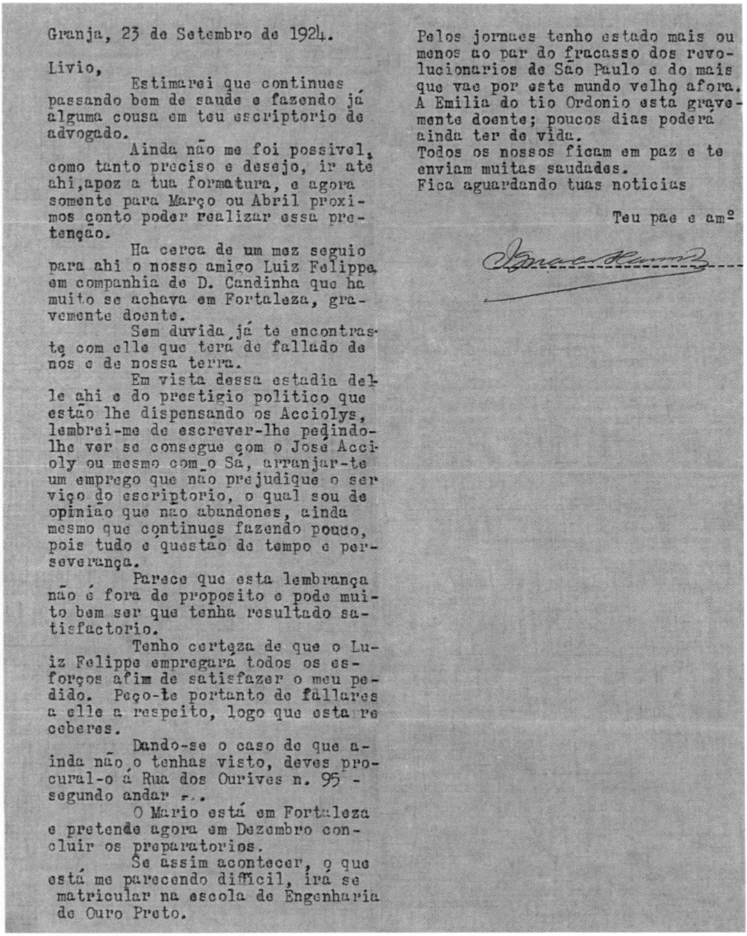

Granja, 23 de Setembro de 1924.

Livio,

Estimarei que continues passando bem de saude e fazendo já alguma cousa em teu escriptorio de advogado.

Ainda não me foi possivel, como tanto preciso e desejo, ir até ahi, apoz a tua formatura, e agora somente para Março ou Abril proximos conto poder realizar essa pretenção.

Ha cerca de um mez seguio para ahi o nosso amigo Luiz Felippe, em companhia de D. Candinha que ha muito se achava em Fortaleza, gravemente doente.

Sem duvida já te encontraste com elle que terá de fallado de nós e de nossa terra.

Em vista dessa estadia delle ahi e do prestigio politico que estão lhe dispensando os Acciolys, lembrei-me de escrever-lhe pedindo-lhe ver se consegue com o José Accioly ou mesmo com o Sá, arranjar-te um emprego que não prejudique o serviço do escriptorio, o qual sou de opinião que não abandones, ainda mesmo que continues fazendo pouco, pois tudo é questão de tempo e perseverança.

Parece que esta lembrança não é fora de proposito e pode muito bem ser que tenha resultado satisfactorio.

Tenho certeza de que o Luiz Felippe empregará todos os esforços afim de satisfazer o meu pedido. Peço-te portanto de fallares a elle a respeito, logo que esta receberes.

Dando-se o caso de que ainda não o tenhas visto, deves procural-o á Rua dos Ourives n. 95 - segundo andar.

O Mario está em Fortaleza e pretende agora em Dezembro concluir os preparatorios.

Se assim acontecer, o que está me parecendo difficil, irá se matricular na escola de Engenharia de Ouro Preto.

Pelos jornaes tenho estado mais ou menos ao par do fracasso dos revolucionarios de São Paulo e do mais que vae por este mundo velho afora.

A Emilia do tio Ordonio está gravemente doente; poucos dias poderá ainda ter de vida.

Todos os nossos ficam em paz e te enviam muitas saudades.

Fico aguardando tuas noticias

Teu pae e am.º

Carta do pai de Lívio Xavier. Cedem. Fundo Lívio Xavier.

vivas as ligações com o interior do Ceará e alimentavam laços afetivos que, aliás, poderiam ser um dos fios de Ariadne a conduzir o percurso no labirinto de cartas recebidas por um alguém que evitava falar de si mesmo, como fica evidente nas informações tão econômicas do seu *Infância na granja*, uma contida autobiografia conduzida por um entrevistador insistente diante de um entrevistado pouco disposto a circunscrever suas respostas ao âmbito estritamente pessoal, o que acabou por reconstituir quadros da vida social do interior do país nos albores do século XX, como aliás destacou Drummond, tocado em sua "memória sensitiva" pela recomposição "com isenção e senso de humor".[14]

Além da cumplicidade com os familiares, sobressaem, no âmbito pessoal e afetivo, as cartas enviadas por Elsie Houston. O início da carreira, as viagens de aperfeiçoamento e estudos, os primeiros concertos, as idas à Europa, o casamento, as tarefas da maternidade, a separação, tudo está registrado nesses textos cercados de desvelo, como atesta a evocação do destinatário.[15] A recolha da correspondência pessoal e profissional da amiga, os convites que lhe foram enviados, os programas das apresentações, os anúncios de um novo disco, as críticas favoráveis, o registro de seu passamento pela imprensa, tudo foi cuidadosamente guardado. Nesse conjunto, é surpreendente que não se encontrem as cartas enviadas por Lívio. Talvez tenham se perdido nas andanças de Elsie ou, quem sabe, foram descartadas pelo destinatário ou pelo remetente, mas sempre se pode apostar na sorte e manter viva a esperança de que estejam esquecidas em algum canto e, como nos romances epistolares, um dia acabarão por rever a luz. Idêntico zelo observa-se em relação a Benjamin Péret, de quem se podem acompanhar os projetos literários, as discussões estéticas com os amigos, as cartas de amor para Elsie.

---

14 Cartão de Carlos Drummond de Andrade, datado de 25/8/1974. Ver Xavier (1974), entrevista conduzida por Almeida Salles, ilustrações de Aldemir Martins.

15 Um exemplo: "Paris, 25 de março de 1935. Lívio, meu bem. Há tanto tempo que não tenho notícias tuas e as saudades são tais que não resisto e venho dar-te um grande abraço esperando que seja retribuído rapidamente. Depois da minha separação não te escrevi ainda, mas sempre penso em ti".

E o pesquisador, atraído por esse atalho, pode acompanhar os projetos do casal e seguir o percurso sugerido por notas e cartas de terceiros. Assim, por exemplo, há apresentações de Elsie e Péret para um rol variado de personalidades (governadores de Estado, órgãos responsáveis pelos índios, intelectuais e proprietários de jornais) datadas de 1929, nas quais os interlocutores intercediam a favor da dupla, que se casou no ano anterior em Paris e partiu para o Brasil com o objetivo de percorrer o interior do país e documentar em filme sonoro costumes e modos de vida dos nossos índios para divulgação na França, como se lê em folhas que trazem a assinatura de funcionário graduado do Ministério das Relações Exteriores e de Cândido Rondon. A importância dessas intermediações, na qual se enfatizavam os predicados dos portadores – Péret, o eminente poeta, escritor e jornalista *francês*, menção que, por si só, constituía-se em importante elemento de legitimação, num momento em que nossas elites políticas e intelectuais suspiravam por tudo o que viesse da França; Elsie, a talentosa esposa e cantora brasileira –, completava-se com a assinatura de alguém capaz de facilitar caminhos. E aqui se abre outra passagem: o estudo detalhado desse ambicioso projeto, que incluía ainda a Bolívia e o Peru, previa o lançamento de um livro com os artigos de Péret para a imprensa francesa e espetáculos de Elsie com canções populares, cujos rastros podem ser seguidos nos papéis que foram preservados.

A disseminação da prática das apresentações também se evidencia com Villa-Lobos, de quem se conservam três dessas cartas: uma com destinatário preciso, outra na qual recomenda a dupla, sem poupar-lhes elogios, dirigida a um genérico "meu caro amigo" e que se encerra com "um saudoso abraço do amigo de sempre" e, por fim, outra que menciona apenas Péret e que se vale da mesma abertura e tem por fecho "o amigo agradecido". Assim, ficava a cargo do portador valer-se desse "abri-te, sésamo" no momento e com quem julgasse mais conveniente, o que convida a refletir sobre

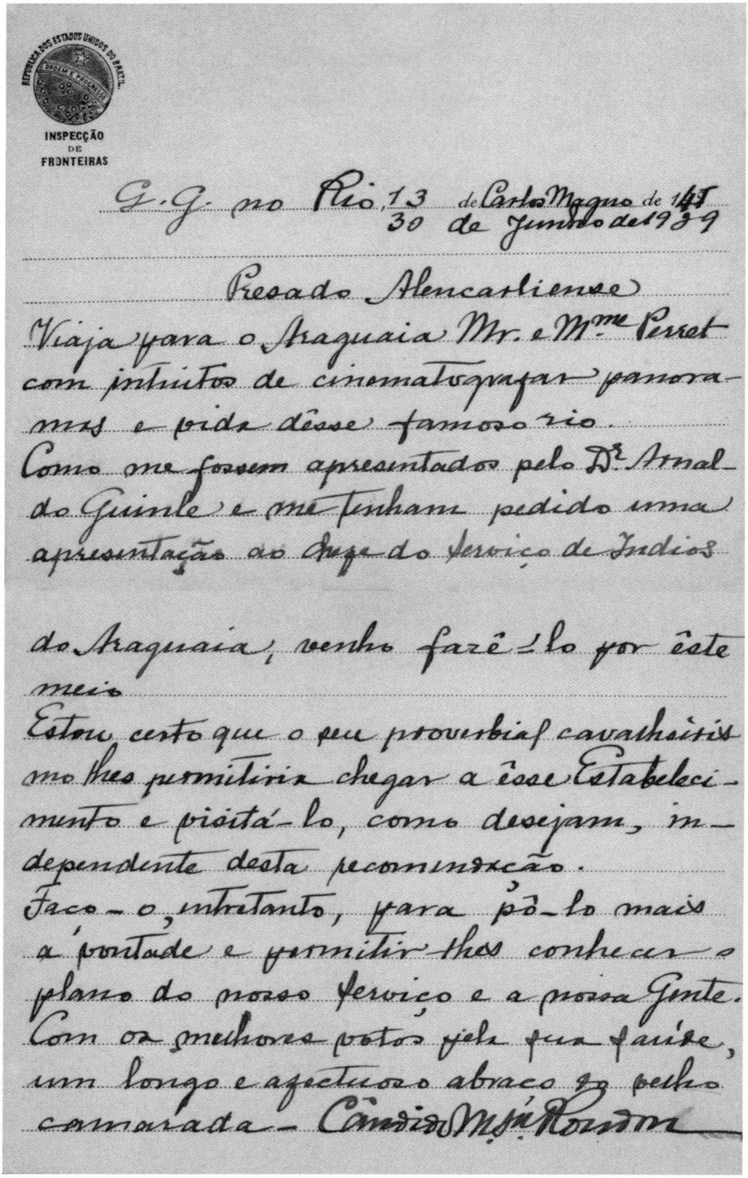

REPUBLICA DOS ESTADOS UNIDOS DO BRAZIL
ORDEM E PROGRESSO
INSPECÇÃO DE FRONTEIRAS

G. G. no Rio, 13 de Carlos Magno de 145
30 de Junho de 1939

Presado Alencarliense

Viaja para o Araguaia Mr. e Mme Perret com intuitos de cinematographar panoramas e vida dêsse famoso rio.

Como me fossem apresentados pelo Dr. Arnaldo Guinle e me tenham pedido uma apresentação ao Chefe do Serviço de Indios do Araguaia, venho fazê-lo por êste meio.

Estou certo que o seu proverbial cavalheirismo lhes permitiria chegar a êsse Estabelecimento e visitá-lo, como desejam, independente desta recommendação.

Faço-o, entretanto, para pô-lo mais á vontade e permitir-lhes conhecer o plano do nosso Serviço e a nossa Gente.

Com os melhores votos pela sua saude, um longo e afectuoso abraço do velho camarada — Candido M. da S. Rondon

(85)

Commissão de Linhas Telegraphicas
DE
Matto-Grosso ao Amazonas
S. N.

Cidadão Coronel Alencarliense Fernandes da Costa

Chefe do Serviço de Indios – no

Araguaia

Ilha do Bananal

Escriptorio Central – Rua das Laranjeiras n. 232

Carta de recomendação dos amigos Benjamin Péret e Elsie Houston. Cedem. Fundo Lívio Xavier.

o funcionamento do "pequeno mundo estreito" dos intelectuais, para retomar a famosa expressão de Sartre. Podem-se ler os modelos manuscritos das cartas, com indicações precisas, e que devem ter sido datilografadas várias vezes.

Voltando a Lívio Xavier e para prosseguir na chave da afetividade, destaque-se que esta também se revela entre os que abraçavam causas e ideais comuns, discutiam leituras, traçavam estratégias e compartilhavam angústias e esperanças. Projetos comuns que uniam Lívio, Aristides Lobo e Mário Pedrosa, envolvidos em 1931 com a fundação da Liga Comunista Internacional, de orientação trotskista. Uma parte significativa da trajetória da esquerda no Brasil encontra-se nessas cartas, como bem atesta o conjunto postado, entre 1926 e 1930, por Mário Pedrosa e publicado por Marques Neto.

E seria possível prosseguir e acompanhar as causas trabalhistas que defendeu, as muitas traduções que realizou, os livros que escreveu, cujas resenhas recolheu e agora repousam na caixa que contém os documentos de cunho pessoal. A atividade crítica no campo literário, musical e da cultura em geral, que exerceu com rara maestria e erudição ao longo de décadas no *Diário da Noite*, *Diário de S. Paulo*, *O Estado de S. Paulo* e na seção "Revista das Revistas" do lendário *Suplemento Literário* (1956-1974), idealizado por Antonio Candido,[16] asseguraram-lhe o respeito de diferentes gerações e não por acaso missivas assinadas por grandes expoentes começavam por "Querido mestre".

E seria possível continuar multiplicando as possibilidades que esse material encerra para a reconstrução da biografia de Lívio, Elsie e Péret, mas também para os debates e projetos no campo político, as práticas editoriais, os bastidores das redações dos jornais, as estratégias e hierarquias que atravessavam o campo artístico e intelectual e outras tantas mais formuladas a partir dos desafios de cada momento e da sagacidade do pesquisador.

Referências bibliográficas

ANDRADE, M. *Cartas de trabalho*. Correspondência com Rodrigo Melo Franco de Andrade. Brasília: MEC, 1981.

AZEVEDO, C. L.; CAMARGOS, M.; SACCHETA, V. *Monteiro Lobato*. Furacão na Botocúndia. 3.ed. São Paulo: Senac, 2001.

BASTOS, M. H. C.; CUNHA, Maria T. S.; MIGNOT, A. C. V. *Destino das letras*. História, educação e escrita epistolar. Passo Fundo: UPF, 2002.

FARGE, A. *O sabor do arquivo*. São Paulo: Edusp, 2009.

GALVÃO, W. N.; GOTLIB, N. B. (orgs.). *Prezado senhor, prezada senhora*. Estudos sobre cartas. São Paulo: Companhia das Letras, 2000.

GOMES, A. C. (org.). *Escritas de si, escritas da História*. Rio de Janeiro: FGV, 2004.

16 Sobre a importância do *Suplemento*, ver Lorenzotti (2007).

LAJOLO, M. (org.). *Quando o carteiro chegou*. Cartões postais a Purezinha. São Paulo: Moderna, 2006.

LORENZOTTI, E. *Suplemento literário*. Que falta ele faz! São Paulo: Imprensa Oficial, 2007.

MINDLIN, J.; MINDLIN; G. *Cartas da biblioteca de Guita e José Mindlin*. São Paulo: Terceiro Nome, 2008.

MORAES, M. A. (org.). *Correspondência*: Mário de Andrade & Manuel Bandeira. 2.ed. São Paulo: Edusp. 2001.

______. *Orgulho de jamais aconselhar*. A epistolografia de Mário de Andrade. São Paulo: Edusp, 2007

REVISTA Teresa. Revista de literatura brasileira, USP, n.8/9, 2008.

SÜSSEKIND, F. *Cinematógrafo de letras*. Literatura, técnica e modernização no Brasil. São Paulo: Companhia das Letras, 1987.

XAVIER, L. *Infância na granja*. São Paulo: Massao Ohono, 1974,

______. *O elmo de Mambrino*. Rio de Janeiro: José Olympio, 1975.

51

NOTA SÔBRE A POESIA DE MARIO DE ANDRADE

O poeta se conhece num arroubo lírico dos "**Poemas da Negra**". Êsse gôsto mesmo de provocar dificuldades pelo prazer de resolvê-las está sempre presente na poética de Mario de Andrade e também está sempre a pique de comprometer a sua poesia. É que à sua poderosa organização de poeta, isto é, capacidade de expressão individual profunda, se antepôs uma dificuldade permanente de ordem material: a falta de correspondência entre a sua experiência interior e a "língua geral" literária do seu tempo. Como tivesse sido o único, da sua geração, em todo o caso, o mais que consciência teve, do problema da expressão poética em têrmos concretos da linguagem em ato e convindo-se em que o problema se apresenta no Brasil sob aspectos particularmente difíceis, pode-se mais que desculpar, explicar a sestrosa arte poética de Mario de Andrade, não por uma exaltação exterior permanente de nacionalismo, mas por uma mera necessidade quase orgânica de objetivação das suas imagens poéticas. Nisso, foi Mario de Andrade um expressionista típico, e na literatura brasileira atual o expressionista exemplar.

Mas essa consciência que atingiu no poeta as propor-

"Não é minha amplidão que me
(desencaminha,
Mas a virtuosidade...

ções de uma verdadeira obsessão manifesta-se por uma tenacidade sem par na procura da solução ótima, no prazer de experimentar formas sucessivas onde deixe moldar-se o seu estro. A fôrça e a fragilidade do poeta Mario de Andrade estão, assim, sempre indiscernìvelmente ligadas.

Há um estudo a fazer pelo qual se chegaria à conclusão de que em tôda a sua obra poética e passando por tôda a sorte de influências ocasionais, mantem-se como constante, por nossa felicidade, a nota lírica em Mario de Andrade.

Na ainda juvenil bravata da "Paulicéia Desvairada" alternam-se a expressão voluntariamente de mau gôsto de um épico bairrista, de uma agressividade demasiado provinciana para oferecer motivos à poesia:

Oh! êste orgulho máximo de ser paulistamente!

E a do ingênuo amor e afeição quase carnal do poeta à sua cidade:

Texto original do livro Elmo de *Mambrino*. Cedem. Fundo Lívio Xav

Capítulo 5
O legado do Modernismo na crítica de Lívio Xavier

Sílvia Maria Azevedo

Mais conhecido pela militância política nos quadros do Partido Comunista Brasileiro, para o qual ingressou em 1925, sendo expulso em 1929 por divergir da linha nacionalista, sob orientação de Astrogildo Pereira, e pela criação da primeira organização trotskista no país, ao lado de Mário Pedrosa, Aristides Lobo e Benjamin Perêt, a extensa atuação de Lívio Xavier como crítico literário nas páginas dos jornais ainda está por ser pesquisada e mais amplamente divulgada.

Depois de se afastar do trotskismo, por discordar das decisões internas do partido, e sob forte repressão da ditadura Vargas, a partir de 1935, Lívio passou a se dedicar mais intensamente à tradução, à crítica literária e ao jornalismo cultural, respondendo igualmente pela redação dos jornais *Diário da Noite*, *Diário de S. Paulo* e *O Estado de S. Paulo*, neste assinando artigos no Suplemento Literário e na seção "Revista das Revistas".

Passados quarenta anos, em que acompanhou de perto as principais manifestações literárias brasileiras e estrangeiras, pela primeira vez, em 1975, Lívio Xavier reuniu, dentre a extensa produção de crítica jornalística, produzida entre as décadas de 1920 a 1970, 68 textos que vão fazer parte de *O elmo de Mambrino*, publicado pela José

Olympio, em coedição da Secretaria de Estado de Cultura, Ciência e Tecnologia de São Paulo. Nilo Scalzo, colega de redação do jornal *O Estado de S. Paulo*, assinava as "orelhas" da obra que, no ano seguinte, recebeu o Prêmio Jabuti na categoria Estudos Literários (Ensaios).

Em 1976, Lívio Xavier recebe o Prêmio Jabuti, na categoria Estudos Literários (Ensaios). Cedem. Fundo Lívio Xavier.

Na "Nota introdutória" da obra, Lívio Xavier informa que, "movido por uma remota vaidade, já extemporânea, é certo", resolveu reunir em livro os textos de procedência jornalística. Para tanto, inspirou-se em João Ribeiro que, com a justificativa de "dar túmulo digno a peças de ocasião", também publicara artigos esparsos na antologia *Páginas de estética* (1905). Longe de pensar que "o jornal seja sepultura menos digna para os produtos da inteligência", Lívio é da opinião que o livro ainda garante que "aquela atividade individual que um dia nos deu prazer" possa "escapar melhor do anonimato" (OEM, p.viii).[1]

1 Doravante, os textos de Lívio Xavier serão referidos com as siglas OEM, seguidas do número das páginas.

Comparando o exercício da crítica de jornal "à condição de oficial, maior ou menor, no registro de pessoas ou fatos ilustres" (mortes, aniversários, honrarias, prêmios), nem por isso Lívio encara o fato como prejudicial. Na verdade, se há limitação, esta "confere certa dose de humildade ao crítico", que deve desenvolver o exercício de sua função "no precário espaço, cuja medida vai das orelhas editoriais e de camaradagem à navalha da justiça literária" (OEM, p.viii).

Feitas essas reflexões em torno dos limites e desafios da crítica de jornal, Lívio Xavier indica a procedência dos artigos selecionados para integrar *O elmo de Mambrino*:

> À exceção do prefácio à tradução brasileira de *A condição humana*, de André Malraux (São Paulo: Unitas, 1934), primeiro publicado no *Boletim de Ariel*, revista dirigida por Agripino Grieco, e reproduzido no Suplemento Literário de *O Estado de S. Paulo* por ocasião da visita de Malraux ao Brasil, todos os escritos anteriores a 1948 saíram no *Diário da Noite* ou no *Diário de São Paulo*, onde tive o mister de crítico literário, denominação talvez excessiva para a simples resenha de livros. Passando nessa data para *O Estado de S. Paulo*, está presente também na escolha feita, salvo menção expressa, alguma colaboração minha em assunto literário. (OEM, p.viii-ix)

Se os artigos escolhidos por Lívio Xavier são fruto da "circunstância jornalística", caso dos centenários,[2] mortes, exposições,

2 Os artigos em comemoração a centenários e mortes são os seguintes, segundo a ordem em que foram publicados na antologia: "Vida e morte de M. Teste" (1971), "Reflexões sobre um cinquentenário" (1943), "Nota sobre Castro Alves" (1947), "O centenário de um romance" (1947), sobre *O morro dos ventos uivantes*, de Emily Brontë, traduzido por Rachel de Queiroz, "Centenário de Bernard Shaw" (1956), "O sétimo centenário de Dante" (1965), "Mário de Andrade" (1965),

lançamentos, entrevistas, inquéritos, nem por isso deixam de responder a "certa coerência ou constância". Mesmo aqueles em que o crítico se vê no papel de "oficial, maior ou menor, do registro de pessoas ou fatos ilustres", o fato de serem trazidos para integrar a coletânea de 1975 garante-lhes perenidade, quer seja pela estatura do homenageado, quer seja pelas efemérides comemoradas, quer seja pelas observações do crítico que, com o distanciamento e a maturidade reflexiva conquistados com o tempo, ainda julga pertinentes.

Dentre os artigos de ocasião que saíram na imprensa, cabe destacar aqueles em que Lívio Xavier se debruçou sobre o legado do movimento modernista e que cobrem as décadas de 1930 a 1960, dispostos em ordem particular na antologia, ao arrepio da sucessão cronológica. Assim, "O teatro de Oswald de Andrade" (1937),[3] não por acaso foi escolhido para abrir *O elmo de Mambrino*, pois não deixa dúvidas quanto ao posicionamento de Lívio em relação a um dos mentores do Modernismo brasileiro. Decorridos 38 anos, a opinião de Lívio, em 1975, em relação ao Oswald dramaturgo ou ainda é a mesma, ou a intenção é recuperar o julgamento do crítico de 1937, quando via como "engodo" a experiência oswaldiana com o teatro:

> O sr. Oswald de Andrade continua a sua experiência de teatro. *A morta* e *O rei da vela* enfeixados neste volume poderiam autorizar um juízo menos favorável à atividade do autor neste campo especial,

---

"A comédia humana de José de Alencar" (1966), centenário de publicação do romance *Iracema*, "Flaubert" (1971), "Edmund Wilson" (1971), "Macedo e o retrato do segundo império" (1970), "Segundo centenário de Hegel" (1970), "O homem Beethoven" (1970), "Proust" (1971) e "Colette" (1973).

3 O artigo foi escrito por ocasião do lançamento do volume *Teatro*, de Oswald de Andrade, publicado no Rio de Janeiro, pela editora José Olympio, em 1937.

> pois é por demais evidente a composição das peças com os mesmos elementos característicos do que se pode denominar o *ponctif* Oswald de Andrade, isto é, o esquematismo furioso, incessante necessidade de recorrer ao cômico, e, já agora, um revolucionarismo primário. (OEM, p.3)

Mesmo a peça *O rei da vela*, vista com maior benevolência, porque livre de "intenções moralizantes" e da "preocupação propagandística" que comprometeriam *A morta*, não conta com inteira aprovação do crítico:

> Deixemos de lado *A morta*, onde o "Poeta" e o "Hierofante" enchem de intenções moralizantes as deixas das outras sombras, para reconhecer que o sr. O. de A. atinge, n'*O rei da vela*, sobretudo no primeiro quadro, uma virtuosidade no cômico por assim dizer física, rudimentar, que o emparelha aos melhores modelos, quando se abandona à sucessão de "imagens cômicas", sem a preocupação propagandista. (OEM, p.3)

Há que se lembrar que *O rei da vela* (1933), *O homem e o cavalo* (1934) e *A morta* (1937), que formam a "Trilogia da devoração" do Teatro Antropofágico de Oswald, resultam "de uma guinada na direção do engajamento político de esquerda" (Levin, 2013, p.28), quando o escritor ingressa no Partido Comunista, no qual permaneceria até 1945, e inaugura uma fase de adesão à utopia marxista, sucedânea da utopia antropofágica dos anos 1920. Em prol da causa que abraça, mas "sem por isso se desfazer das conquistas da Semana", Oswald proclama então "o necrológio da burguesia" e leva a cabo o "enterro simbólico de si mesmo e de todas as formas artísticas alienadas, a começar pela literatura vanguardista brasileira" (ibid., p.29).

Ao chamar de "revolucionarismo primário" as repercussões do envolvimento político nas peças de Oswald de Andrade, Lívio Xavier não só põe sob suspeita a guinada esquerdista do escritor, como também engrossa o coro da crítica que, na época, tinha um pé atrás em relação ao fundador do Movimento Antropofágico:

> Para esta, Oswald era julgado muito mais por sua postura pública, tendo sua imagem (um tanto autoconstruída) como a de um homem inconstante, demolidor das convenções, piadista, irreverente e superficial. Passados os anos em que obtivera alguma glória, fruto dos sucessos da Semana de Arte Moderna, nem toda a sua obra era avaliada positivamente. (Ferreira, 1996, p.14)

Compreende-se igualmente que a experimentação formal proposta em *A morta*, "Ato lírico em três quadros", cuja estrutura tripartite – "O país do indivíduo", "O país da gramática" e "O país da anestesia" – responde à deformação paródica da *Divina comédia* de Dante, fosse rejeitada por Lívio Xavier, mais alinhado, talvez, dada a sua formação política, à literatura de denúncia social e ao realismo socialista, que começava a despontar com força no cenário brasileiro no início dos anos 1930.

Outro aspecto a ser considerado quanto à avaliação do teatro de Oswald de Andrade é que a breve nota de Lívio Xavier está inserida num contexto de reavaliação, a partir de 1932, dos dez primeiros anos da Semana de Arte Moderna, quando o evento "ainda reverberava como fato vivo, que podia continuar para diferentes lados" (Alambert, 2012, p.110).

"Viva o suficiente para poder ser reinventada por outros meios" (ibid., p.111), a Semana era comemorada, em 24 de novembro de 1932, com a fundação do Clube dos Artistas Modernos (CAM) pelo artista plástico Flávio de Carvalho, com o objetivo de "criar uma 'agremiação' de arte (e política) moderna que não dependesse da ajuda financeira nem dos mecenas do Estado" (ibid.). No CAM, ainda, "anarquistas, sindicalistas e marxistas falaram, discutiram, expuseram e panfletaram. De performance aristocrática, em 22, passava-se agora, em 1932, à performance-comício" (ibid.).

O CAM foi também espaço de experimentação artística, e dentre suas atividades, estava programada a encenação de *O homem e o cavalo*, que Oswald escreveu especialmente para o Teatro da Experiência, idealizado por Flávio de Carvalho, a partir de 1933, como ruptura moral e estética em relação à dramaturgia brasileira dos anos 1930, mas que acabou não acontecendo, já que o teatro foi fechado e seu funcionamento proibido pela polícia.

No bojo dos dez anos de comemoração da Semana de 22, insere-se também a crítica de Lívio Xavier sobre o livro *Contos de Belazarte*, de Mário de Andrade, publicado em 1934.[4] Escritos entre 1923 e 1926,[5] após a fase de experimentação poética da *Paulicéia desvairada* (1922), com ênfase na descrição dos bairros operários de São Paulo, os contos recebem avaliação positiva do crítico, assim também a "arte do contista" Mário de Andrade:

> Belasarte conta, em sete capítulos, o que a vida ensinou aos seus heróis, bem pouco heroicos. A arte do contista Mário de Andrade tem isso de clássico – a objetividade, não direi impassibilidade, porque esta resulta mais do contista do que do esforço de técnica, e *Belazarte*, sem tirar moralidade das suas histórias, não deixa de se comover com o sofrimento do pequenino, miúdo, mesquinho da sua companhia, figurantes da vida para quem tudo passa tão mal. (OEM, p.37)

---

4 No rodapé do artigo "*Belasarte*", vem a informação de que o livro *Contos de Belazarte* foi publicado pela Editora Piratininga, de São Paulo, em 1931.

5 Alguns contos foram publicados inicialmente na revista *América Brasileira*, entre 1923 e 1924, com o título "Crônicas de Belazarte".

Nem por acolher favoravelmente os *Contos de Belazarte*, Lívio Xavier deixa de apontar a excessiva preocupação de Mário com a técnica literária: "Em Mário de Andrade a técnica subjuga sempre o poeta. Alguma coisa de inflexível tem a sua estética preocupada mais do que convém na solução de meros problemas de expressão" (ibid.).

O que Lívio chama de "meros problemas de expressão" corresponde à "criação de uma linguagem literária experimental a partir da fala do povo brasileiro" (Paulillo, 1997, p.10), que vem ao encontro do projeto de Modernismo de Mário de Andrade de construção de uma identidade nacional ligada a questões sociais populares e à tradição oral. Nesse sentido, o movimento modernista, na perspectiva de Mário, articula-se com rupturas e tradições, como propõe Eneida Maria de Souza:

> O estreito vínculo entre ruptura de modelos estrangeiros e a descoberta de uma tradição cultural do país foi por muito tempo esquecido, ao se privilegiar, no Modernismo, a leitura apenas pelo viés da destruição e da vanguarda, em detrimento dos valores ligados pela tradição. (Souza, 2007, p.55)

Há que se considerar, ainda, acerca do processo de revisão da Semana de Arte Moderna na década de 1930, os primeiros sinais da cisão entre os críticos brasileiros, que irão se acentuar no decorrer das décadas seguintes, uns colocando-se a favor de Mário, outros de Oswald, quanto à avaliação de ambos os escritores enquanto liderança do Modernismo no Brasil. Nesse sentido, a dedicatória de *O elmo de Mambrino* a Mário de Andrade não deixa dúvidas quanto ao lado em que Lívio Xavier se coloca.

Na verdade, nesse período, enquanto a estatura literária e intelectual de Mário só robustecia, Oswald encontrava-se cada vez mais isolado do antigo círculo modernista, o que chegará ao ápice, na década de 1940, quando da publicação de *A revolução melancólica*

(1943) e *Chão* (1945), romances que fazem parte de *Marco zero*, recebidos com reservas pelos intelectuais, em especial aqueles reunidos em torno da revista *Clima*, de São Paulo: "Aos olhos dos jovens críticos, Mário desprendera-se dos limites do primeiro modernismo, renovando-se continuamente. Quanto ao outro [Oswald], sugeria-se, nas entrelinhas, que sua produção estava esgotada" (Ferreira, 1996, p.30).

Em 1933, Oswald de Andrade dá início à composição de *Marco zero* – romance mural do Brasil –, empreitada que lhe iria consumir dez anos de trabalho, interrompidos pela execução de outros projetos e causas. No início da década de 1940, o escritor previa que o ciclo de romances comportaria cinco volumes: *A revolução melancólica*, *Chão*, *Beco do escarro*, *Os caminhos de Hollywood* e *A presença do mar*:

> Nos dois primeiros, exporia suas teses sobre o levante paulista de 1932, a permanência do latifúndio no contexto de modernização do país e a emergência do proletariado como força revolucionária. Nos demais, trataria dos novos mitos e ideologias que se difundiam em São Paulo, importados do capitalismo norte-americano. (Ferreira, 1996, p.25)

Do conjunto projetado, porém, apenas dois foram escritos: *Marco zero I – A revolução melancólica* e *Marco zero II – Chão*, ambos editados pela José Olympio, o primeiro volume sendo objeto da crítica arrasadora de Lívio Xavier:

> Essa primeira parte do *Marco zero* tem como pretexto, assunto, tema, ambiente, ou pano de fundo (como queiram) a revolução paulista de 1932. Mas da leitura de suas 428 páginas, o leitor sai verdadeiramente aturdido. Tem a impressão de que o romancista viaja num veículo de todo indiferente à meta que prometera atingir, e de que o romance se pode dizer que o faz *ad aeternum* sem quebra do ritmo de

uma copiosa e afinal fatigante anedota. Por mais revolucionário que seja em matéria de estética do romance, há de perguntar o leitor da *Revolução melancólica*: Que é isso? (OEM, p.22)

Com a pergunta – "Que é isso?" – Lívio Xavier usa a estratégia de se fazer porta-voz do leitor, para expressar possivelmente a própria incompreensão diante dos procedimentos retóricos empregados por Oswald em *A revolução melancólica*, que incluíam "recortes horizontais, disposição em mosaico, ação simultânea e *flashes* – recursos inspirados na pintura e no cinema, escolhidos para a recriação de um período marcado pela velocidade e por mudanças abruptas" (Ferreira, 1996, p.13).

As observações de Lívio deixam entrever que, em vista do propósito de Oswald de trazer o levante de 1932 para *A revolução melancólica*, o recorte documentário seria procedimento literário mais adequado para dar conta dos "problemas humanos e sociais", dos "problemas reais, concretos" envolvidos na recriação da revolução paulista, do que o "pitoresco do diálogo que reproduz a linguagem da nossa confusa Babel", opção empregada "ou por mero hábito do escritor, ou por curta incapacidade por demais aparente do Sr. Oswald de Andrade – a de comover" (OEM, p.23).

A crítica de Lívio Xavier ao primeiro romance do ciclo paulista de Oswald está inserida no segundo momento de comemoração da semana modernista, em 1942, quando se registra "a primeira mudança na história da história da Semana de Arte Moderna", na avaliação de Francisco Alambert:

Se em 1932 a Semana parecia jovem demais para ser celebrada, em 1942 ela já parecia pronta para ser enterrada. As questões fundamentais desse momento crítico eram: a) saber quem era o defunto; b) saber quem eram seus herdeiros; c) saber o que fazer com o legado de algo tão novo e já tão envelhecido. Aos 20 anos de idade, o espólio da

> Semana estampava uma crise criativa e muito produtiva, na qual as figuras dos dois Andrades, Mário e Oswald, encarnavam duas maneiras de pensar a continuidade ou não da "revolução". Se o ímpeto iconoclástico de 22 (ainda vivo em 1932) já havia arrefecido, seus desdobramentos foram tremendamente criativos. (Alambert, 2012, p.112)

Essas "duas maneiras de pensar a continuidade ou não da 'revolução'" são representadas pelas conferências em que Mário e Oswald de Andrade fazem um balanço das contribuições da Semana, respectivamente, "O movimento modernista" e "O caminho percorrido". A palestra encomendada a Mário de Andrade foi lida no Salão de Conferências da Biblioteca do Ministério das Relações Exteriores do Brasil, no Rio de Janeiro, no dia 30 de abril de 1942.[6] A de Oswald de Andrade, proferida em 1944, fazia parte da Primeira Exposição de Arte Moderna, realizada na capital mineira, com a participação de Tarsila do Amaral, Di Cavalcanti, Alfredo Volpi, Candido Portinari, Lasar Segall, Iberê Camargo e Alberto da Veiga Guignard.[7]

Diante da plateia do Itamaraty, Mário "exercita a mais ousada exigência crítica" (Santiago, 1991, p.7-8), ao expor um sentimento de derrota e crise, – "Eu não posso estar satisfeito de mim. O meu passado não é mais o meu companheiro. Eu desconfio do meu passado" (Andrade, s/d, p.254) – em vista do "ideal não alcançado pelos participantes da Semana de Arte Moderna" (Santiago, 1991, p.10). Já Oswald, ao colocar "como parâmetro exemplos do atraso da cultura brasileira varridos pela luta e o empenho

---

6 O texto foi inicialmente publicado pela Casa do Estudante do Brasil, Rio de Janeiro, 1942, e depois passou a integrar, em 1943, o volume *Aspectos da Literatura Brasileira*.

7 Publicada no *Diário de S. Paulo*, em 23 e 30 de junho de 1944, a conferência vai fazer parte da coletânea *Ponta de lança*, organizada pelo autor, em 1945.

modernista, sai sorridente e feliz das suas reminiscências históricas" (Santiago, 1991, p.10).

Repercussões da autocrítica de Mário de Andrade vão estar presentes no texto de Lívio Xavier, "Reflexões sobre um Cinquentenário", publicado em 1943, em comemoração aos 50 anos de Mário. O escritor, em carta de 14 de junho a Murilo Miranda, mostra-se reticente quanto às celebrações que os amigos e a imprensa estão organizando, com o propósito de confirmar sua posição de líder do movimento modernista, dizendo que para ele a data já tinha sido comemorada quando apresentou o "Movimento modernista":

> Na sua carta você me pergunta quando é a data do meu cinquentenário, se vou comemorar ele no Rio, senão você vinha pra cá. Olha, Murilo, não só você, mas vários amigos têm me falado, e até em jornal, tanto sobre essa data que o não é, que afinal que acabei seriamente preocupado com o meu cinquentenário! Pra mim, em verdade o meu cinquentenário foi aquele momento apaixonado e saudável em que fiz a revisão de mim, no "Movimento modernista". Ali eu completei cinquenta anos e morri. Ou nasci, que é mais simpático. (Andrade, 1981, p.142-3)

Por fim, rendendo-se aos apelos de Murilo, Mário seleciona alguns textos de sua autoria para serem publicados em número especial da *Revista Acadêmica* (1933-1940), do Rio de Janeiro, dedicado aos seus 50 anos (Moraes, 2007, p.114). A *Revista Brasileira de Música* (1934-), na qual Mário de Andrade foi colaborador assíduo, também irá prestar homenagem ao escritor, em separata do volume IX, publicada em 1944.[8]

---

8 Homenagem a Mário de Andrade: Separata da *Revista Brasileira de Música*, volume IX. Rio de Janeiro: Imprensa Nacional/Escola Nacional de Música MEC, 1944.

Lívio Xavier, no entanto, é inteiramente contrário a essas "comemorações literárias em vida", por "tornar-se o comemorado o tipo exemplar de uma tendência ou movimento determinado", verdadeira "camisa de força" que condena o homenageado "à glória prematura" (OEM, p.26). No caso do cinquentenário de Mário, o escritor experimentará não somente "a angústia de envelhecer", mas também "a angústia de ser considerada definitiva a forma artística que perpetuará ou não o nome do poeta, romancista e crítico Mário de Andrade" (OEM, p.26).

O receio de Lívio é que, no bojo das comemorações, a "individualidade literária" de Mário, "que o separa da sua geração e dos sempre possíveis epígonos", acabe em segundo plano, ganhando destaque e perpetuando-se "o tipo exemplar de uma tendência ou movimento determinado" (OEM, p.26). Para Lívio, Mário foi "um dos responsáveis mais diretos" pelo movimento modernista de 1922, aquele que "mais consciência teve do movimento":

> E, por isso mesmo, a obra de nenhum dos autores do modernismo no Brasil se acha tão intimamente ligada à sua própria vida secular, e o tom de desafio que ressuma de toda aquela, é também o sinal mais evidente do homem de caráter, que se deve saudar em Mário de Andrade neste seu melancólico aniversário, antes de tudo. (OEM, p.26)

O tom melancólico que Lívio Xavier identifica no cinquentenário de Mário estaria ligado à conferência pronunciada no Itamarati em 1942 – "Autocrítica cruel mas justa e necessária, que nos aproxima de Mário de Andrade, mais do que a lembrança de boa parte da sua obra literária" – e da qual o crítico destaca em especial o *mea culpa* do escritor quanto ao "excessivo" interesse pela pesquisa estética:

> Desta pesquisa que, em si, nada tinha de inédito ou de desarrazoado, surgiu a maior, mas também a mais absurda, criação de Mário de Andrade: a sua língua literária. Sob pretexto de fundir, ou melhor, aproximar a língua falada e a língua escrita, chegou o escritor à elaboração de uma língua quase hermética. (OEM, p.27).

Quando da reedição de *Macunaíma*, em 1944, ano também da publicação do livro de contos *Mulher que sabe latim...*, de Mário Neme,[9] Lívio Xavier volta a bater na tecla da "língua literária", no artigo "Língua falada e linguagem literária". Sob a forma de pergunta, o crítico questiona a linguagem empregada por ambos os escritores, no caso, a língua falada, tendo em vista a comunicação com o leitor: "será paradoxalmente um meio de comunicação melhor, isto é, mais eficaz entre a sensibilidade do autor e a do leitor, e assim perfeitamente aceitável, como instrumento literário?" (OEM, p. 29-30).

Embora reconhecendo a distância que separa o "prógono" do "epígono", extensiva ao "valor intrínseco" das duas obras, tanto o autor de *Macunaíma* quanto o "novel contista" de *Mulher que sabe latim...* incidem, segundo Lívio Xavier, no mesmo equívoco, ou seja, a defesa apaixonada da língua literária brasileira:

> Por mais sedutora que se faça essa opinião, por mais numerosos e significativos que venham a ser os escritores que o empreguem, não há dúvida de que o instrumento literário que se quer criar arbitrariamente não resistirá à ação do tempo nem do espaço. (OEM, p.30)

As reservas de Lívio quanto ao emprego de uma linguagem literária que se aproximasse da língua falada, pondo em xeque o projeto

9 A reedição de *Macunaíma*, em 1944, saiu pela Livraria Martins Editora e a publicação de *Mulher que sabe latim...*, pela Editora Flama, ambas de São Paulo.

de Mário de Andrade de criar uma "língua brasileira" como expressão da identidade nacional, eram igualmente compartilhadas por outros intelectuais brasileiros. Quando questionado por João Ribeiro se escrevia português ou brasileiro, Mário comenta o fato com Manuel Bandeira, em carta de 1º de julho de 1929:

> Quando me senti escrevendo brasileiro primeiro que tudo pensei e estabeleci: Não reagir contra Portugal. Esquecer Portugal, isso sim. É o que fiz. Inda faz pouco, João Ribeiro me chamou à fala num artiguete sobre se escrevo brasileiro ou português (*Diário Nacional*). E concluía que escrevemos por mais nota forçada, português. [...] Pouco me incomoda agora que eu esteja escrevendo igualzinho ou não com Portugal: o que eu escrevo é língua brasileira pelo simples fato de ser língua minha, a língua de meu país, a língua que hoje representa no mundo muito mais o Brasil que Portugal: enfim: a língua do Brasil. (Andrade, 1967, p.280)

As ponderações de João Ribeiro e Manuel Bandeira, que viam como artificiais e até mesmo incompreensíveis as inovações linguísticas propostas pelo autor de *Clã do Jabuti*, encontrarão ressonância em Lívio Xavier, nos artigos "Mário de Andrade poeta" e "Nota sobre a poesia de Mário de Andrade".

No primeiro, publicado em 1944, o crítico reconhece que a poética de Mário – "mais intelectual do que propriamente sensual" – lhe "garante lugar à parte à sua obra de poeta", posto que ele "raro transige com a sua regra", ou seja, "condena o efeito pelo efeito, machuca o ouvido, cultivando uma custosa simplificação estrutural" e repele "tonalidades brandas para o repouso das almas e corpos fatigados". Nem por isso, no entanto, Lívio deixa de externar suas reservas em relação à "fidelidade" do poeta ao seu sistema de criação poética: "A fama que resultou desta exemplar fidelidade do poeta ao seu sistema próprio de referências e correlações de sensibilidade e pensamento vai do hermetismo à pedantaria" (OEM, p.43).

Em "Nota sobre a poesia de Mário de Andrade", sem o registro de data na antologia, Lívio Xavier, num primeiro momento, também admite os méritos de Mário, visto como "o único de sua geração [...] o que mais consciência teve, do problema da expressão poética em termos concretos da linguagem em ato". Feitos os elogios, o crítico volta-se contra a "verdadeira obsessão" de Mário pela experimentação formal: "Esse gosto mesmo de provocar dificuldade pelo prazer de resolvê-las está sempre presente na poética de Mário de Andrade e também está sempre a pique de comprometer a sua poesia" (OEM, p.44).

Se, no cenário cultural dos anos 1940, a emergência de uma nova geração colocava alguns escritores como "epígonos" de "prógonos", caso de Mário Neme em relação a Mário de Andrade, outros surgiam dispostos a rejeitar os intelectuais modernistas, promovendo um balanço das realizações da velha geração. É dentro desse contexto que o ideário da velha e o da nova geração se fazem presentes, respectivamente, nos inquéritos realizados por Edgar Cavalheiro, *Testamento de uma geração*, e Mário Neme, *Plataforma da nova geração*.

Com depoimentos de 26 intelectuais de 40 a 50 anos, como Afonso Arinos de Melo Franco, Sérgio Milliet, João Alphonsus, Luís da Câmara Cascudo, Emiliano Di Cavalcanti, Oswald de Andrade,[10] o inquérito de Edgar Cavalheiro foi publicado pelo *Estado de S. Paulo* em 1942, saindo em livro em 1944, pela Editora

10 Dois convidados não responderam ao inquérito de Edgar Cavalheiro: Monteiro Lobato, recém-libertado da prisão por causa das críticas ao governo Vargas, expostas na obra *Zé Brasil* (1947), na qual denunciava a exploração do trabalhador rural pelo latifúndio, e Mário de Andrade, sob a alegação de que não havia clima para expor o seu depoimento.

Globo, de Porto Alegre. As entrevistas promovidas por Mário Neme, com escritores que estrearam em torno de 1940 e 1943, dentre eles Antonio Candido, Edgar Cavalheiro, Jamil Almansur Hadad, Mário Schenberg, Arnaldo Pedrosa D'Horta, Lauro Escorel Rodrigues de Morais, Maria Eugênia Franco, Miroel Silveira, Rui Galvão de Andrada Coelho, vieram a público também nas páginas do *Estado de S. Paulo*, entre 1942 e 1944, e reunidas em volume em 1945, ainda pela Editora Globo, da capital gaúcha.

Em *Testamento de uma geração*, além do "credo pessoal" de cada escritor, ou seja, dos princípios estéticos que nortearam suas carreiras, Cavalheiro solicitava a cada entrevistado um resumo de suas posições diante dos problemas religiosos, políticos, sociais, literários e artísticos (Silva, 2006, p.63). Segundo Anderson Silva:

> dois pontos eram recorrentes nos relatos dos convidados: [...] a sensação de que o Modernismo, apesar dos talentos revelados, não foi além do esteticismo; o impasse entre política e religião como alternativa ao individualismo, responsável pela postura estetizante de 22. (ibid.)

A obra de Mário Neme, *Plataforma da nova geração*, privilegiava "não a investigação dos aspectos biográficos dos entrevistados, mas a exposição de seus projetos futuros, de forma a complementar o caráter testemunhal da obra irmã e antecessora, *Testamento de uma geração*" (D'Onofrio, 2012, p.5). As perguntas apresentadas aos intelectuais da "geração dos moços" giravam em torno de quatro questões centrais: 1) "se os escritores moços do Brasil de hoje têm ou não consciência dos problemas mais orgânicos da cultura brasileira"; 2) "qual o nível e o clima intelectual em que colocam suas preocupações mais sérias"; 3) qual a "qualidade de sua formação cultural, já universitária, já autodidática"; 4) "o que se pode esperar dos moços de hoje no campo da arte, da ciência e das ideias" (Neme, 1945, p.8, apud Silva, 2014, p.75-6). Nas entrevistas, segundo Tathiana Silva, é evidente a oposição dos entrevistados ao Estado Novo e aos acontecimentos que se desenrolavam na Europa em guerra (Silva, 2014, p.73).

Tanto o inquérito de Edgar Cavalheiro quanto o de Mário Neme são objeto das críticas de Lívio Xavier, o primeiro, analisado no artigo "Uma herança inexistente",[11] o segundo, em "Gerações e plataformas". O título do primeiro texto não deixa dúvidas quanto à recepção negativa quer dos "fundamentos" do projeto *Testamento de uma geração*, quer da "legitimidade das conclusões" a que chegaram os entrevistados:

> Sem a mínima intenção de menosprezar a *intelligentsia* nacional, pode-se contudo desconfiar não só dos fundamentos do próprio inquérito, como da legitimidade das conclusões a que chegaram os vinte e sete representantes de uma geração literária. (OEM, p.46)

Em particular, a questão sobre o "credo pessoal" levanta dúvidas sobre a "importância das respostas colhidas":

> Há de perdoar-nos o amável sr. Edgard Cavalheiro certo grau de dúvida a respeito da importância das respostas colhidas, por exemplo, ao primeiro item do inquérito – "um resumo do credo pessoal", isto é, "um resumo das convicções e crenças a respeito da natureza do homem e do mundo", e isso "em todas as suas manifestações espirituais e morais". (OEM, p.46)

Na sequência, o crítico examina as alegações de Monteiro Lobato e Mário de Andrade, que não compareceram no inquérito.

---

11 Em rodapé, Lívio Xavier, equivocadamente, informa que *Testamento de uma geração* foi publicado em 1945.

Em relação a Lobato, Lívio frisa a "impraticabilidade" de suas respostas: "O tom faceto da carta em que Monteiro Lobato se exime de responder ao inquérito, a ninguém pode iludir quanto à impraticabilidade das respostas necessárias, no glorioso Brasil de 1944, à importância das perguntas" (OEM, p.46).

Quanto a Mário, transcreve alguns trechos da carta em que o escritor expõe os motivos de sua negativa:

> Mário de Andrade respondeu mas não quis que se divulgasse a resposta. Disse que "não havia ambiente" para ela. "Irá causar, quando muito, pequenos escândalos, mexericos pessoais". "Nem sequer me restará o consolo de um amplo escândalo que agite a água morna na qual nos aborrecemos". E não se dirá, decerto, que ele não estivesse com a razão. (OEM, p.46)

Como resultado, Lívio conclui que "um tom geral de vazia e estéril insinceridade" percorre o inquérito de Edgar Cavalheiro, do qual procuraram escapar "os mais bem dotados", como Oswald de Andrade e Tristão de Ataíde, que se valeram de "poéticas e piedosas recordações de infância e mocidade" sob pretexto de "manifestar o seu natural ardor proselitista" (OEM, p.46).

Já o inquérito de Mário Neme recebe outro tratamento da parte de Lívio Xavier: *Plataforma de uma geração* é visto como "trabalho sempre necessário", em função do propósito de proceder ao levantamento "das forças de ação contrária às mil influências que conspiram contra a afirmação da vida intelectual autônoma das jovens camadas batizadas de nova geração" (OEM, p.47). Daí ser "mais simpática" a tarefa de Mário Neme do que a que coube a Edgar Cavalheiro, "o qual se fez testamenteiro da velha geração, ou, para não ferir melindres, geração precedente dos novos" (ibid.).

No jogo de forças entre permanência e transformação, aquela defendida pela velha geração, esta, pela nova, Lívio está do lado dos novos, uma vez que, para ele, a "plenitude da liberdade" é "princípio básico" para o exercício da atividade intelectual. Nem por isso a conclusão que se pode tirar do inquérito de Neme, segundo o crítico, "é de todo satisfatória", pois, ao mesmo tempo que a nova geração tem "uma confusa consciência" quanto à "desconfiança sistemática dos velhos", muitas vezes assume "uma profissão de fé contraditória, precisamente porque não está imbuída da verdade da afirmação segundo a qual um povo livre, antes de tudo, tem de ser um povo altamente crítico" (OEM, p.48).

O legado do Modernismo volta a frequentar as páginas de *O elmo de Mambrino* nos artigos "Mário de Andrade", de 1965, e "Quarenta anos de antropofagia", de 1968. O primeiro foi escrito quando da comemoração dos vinte anos da morte de Mário, o segundo invoca os quarenta anos de publicação do *Manifesto antropofágico*, de Oswald de Andrade.

Dentre as homenagens prestadas a Mário de Andrade, a *Revista do Livro* publica, no mês de setembro de 1965[12], as cartas que Mário escreveu a Sousa da Silveira, a quem já havia enviado um exemplar dos *Contos de Belazarte*, recém-publicados. Em resposta, o filólogo apresenta, a pedido de Mário, suas críticas em relação à "nova língua" (OEM, p.75) praticada pelo escritor. É essa correspondência que Lívio Xavier, à guisa de tributo, irá comentar no pequeno artigo em que evoca o 20º aniversário da morte do autor de *Macunaíma*.

A preocupação de Lívio, na leitura das cartas de Mário a Sousa da Silveira, foi associar a publicação de *Contos de Belazarte* ao contexto dos anos 1930, quando os modernistas de 1922, "já de volta

12 No catálogo *Exposição de Mário de Andrade* (Rio de Janeiro: Biblioteca Nacional, 1970, p.42), organizado em comemoração ao 25º aniversário da morte do escritor, consta a seguinte referência: Cartas de Mário de Andrade a Sousa da Silveira [Apresentação de] Homero Senna, *Revista do Livro*, Rio de Janeiro, ano 7, n.26, set. 1964, p.113-33.

das incruentas mas renhidas batalhas", o que mais desejavam "era ainda serem tomados a sério" (ibid.). "Descontado o que se pode considerar reação puramente individual (narcisismo, gosto pela discussão, um exibicionismo reprimido)", a razão de o irreverente Mário de 1934 se submeter a "ser criticado por um filólogo e professor austero" era por comungar do "espírito comum dos que eram rapazes em 1922" (ibid.).

O segundo motivo, na opinião de Lívio Xavier, que teria levado Mário a escrever a Sousa da Silveira, vinha ao encontro do "aguçado senso crítico" com que o escritor "esmiuçava as pretensões do grupo", mas principalmente se autocriticava, "quase se pode dizer: se autoflagelava" (ibid.).

A intenção de Lívio, no entanto, não é mostrar tão somente esta faceta de Mário, mas também, ou, sobretudo, a do escritor que, sob a aparência da humildade, mostrava-se firme em suas convicções. Não por acaso o crítico transcreve o seguinte trecho de uma das cartas de Mário: "Essa censura que o senhor me faz [...] de ter uma língua que não é de ninguém [...] é perfeitamente justa [...] É um verdadeiro Esperanto [...] com a circunstância única de ser um convite à verdade" (OEM, p.75).

No sentido de tornar presente a opinião de Sousa da Silveira, vale a pena trazer as objeções do filólogo à linguagem do autor de *Contos de Belazarte*, em carta de 26 de dezembro de 1934:

> Não é a língua que falo, nem que a que ouço falar; não é a dos autores brasileiros mais conhecidos [...] Não é a dos jornais [...] Parece-me que uma língua criada pelo escritor, uma língua sua, individual; – e daí essa impressão de artificialidade, que nos dá, daí o aspecto hieróclito, com que se apresenta; daí, enfim, a estranheza que nos causa, a dificuldade que encontramos em segui-la e o consequente cansaço que às vezes nos produz. (Moraes, 2001, p.613)

Se, em 1934, na crítica aos *Contos de Belazarte*, Lívio Xavier concordava com Sousa da Silveira sobre a artificialidade da "língua brasileira" inventada por Mário de Andrade, em 1965 o crítico revê antigos posicionamentos, ao dar prioridade, nas cartas de 1934 de Mário ao gramático carioca, à atitude firme do escritor na manutenção de seu projeto linguístico-nacionalista:

> É significativo que, das restrições do professor à sua linguagem, Mário de Andrade só aceita as que têm somenos importância ou quanto às gerais, de composição, dá "mão à palmatória" em tom evidentemente irônico. E termina concitando o professor Sousa da Silveira a ler da sua obra somente *Macunaíma*, dando do livro "bárbaro", na sua orgulhosa pretensão, uma imagem sumária mas luminosa. (OEM, p.75)

Já a recepção de Lívio ao 40º aniversário do Movimento Antropofágico, liderado por Oswald de Andrade, e comemorado pelo *Suplemento Literário de Minas*, que lhe dedica o número de 13 de abril de 1968, é marcada pelo descrédito, ao dizer que a Antropofagia "terá sido uma manifestação menos importante do nosso modernismo", uma vez que, do ponto de vista literário, "a opção estava feita desde 1922 e a ruptura entre as gerações já se fizera de modo absoluto" (OEM, p.92-3).

Síntese radical das reflexões artísticas e literárias da Semana de Arte Moderna, o Movimento Antropofágico surgiu, em 1928, em meio a outros movimentos, como Pau-Brasil (1924)[13] e Verde-Amarelismo ou Anta (1929),[14] que representavam diferentes

---

13 Publicado no *Correio da Manhã*, em 18 de março de 1924, o Manifesto da Poesia Pau-Brasil, redigido por Oswald de Andrade, apresentava as concepções estéticas, inspiradas nas vanguardas europeias, que iriam nortear a criação poética dos escritores modernistas brasileiros.

14 Em resposta ao Movimento Pau-Brasil, surge o grupo do Verde-Amarelismo, formado por Plínio Salgado, Menotti del Picchia, Guilherme

tendências de expressar o nacionalismo. A origem da Antropofagia, como se sabe, tem ligação com o quadro que Tarsila do Amaral, em 1928, deu a Oswald de Andrade, então seu marido, batizado com o nome de *Abaporu*, a partir da junção de duas palavras de origem tupi-guarani – *aba*: homem; *poru*: que come.

Esse quadro tornou-se símbolo da Antropofagia, na proposta de Oswald de transpor para o Brasil ideias das vanguardas europeias e dar-lhes uma configuração que se adequasse à realidade nacional, como forma de renovar e atualizar a literatura brasileira. Desde o Manifesto Pau-Brasil, os vanguardistas brasileiros tinham a intenção de criar uma arte autenticamente nacional. Mas como renovar, ser moderno, sem copiar os modelos europeus? Com a ideia de canibalismo, isto é, a devoração da cultura estrangeira, o Movimento Antropofágico, a partir do *Manifesto*, lançado por Oswald de Andrade no primeiro número da *Revista de Antropofagia*, em maio de 1928, vinha propor uma maneira nova de conciliar o desejo de brasilidade com a importação de tendências artísticas europeias.

Na visão de Lívio Xavier, no entanto, o Movimento Antropofágico não passava de "um dos muitos mitos brotados da imaginação de Oswald de Andrade na sua incessante atividade literária", assim como a *Revista de Antropofagia* "não era bem uma revista" (OEM, p.93), apenas quatro páginas redigidas por Oswald, Alcântara Machado e Raul Bopp.

de Almeida e Cassiano Ricardo, com a proposta de um nacionalismo primitivista, ufanista e identificado com o fascismo, e que evoluiria, na década de 1930, para o Integralismo de Plínio Salgado. O grupo verde-amarelista também iria publicar um manifesto no jornal *Correio Paulistano*, em 17 de maio de 1929, intitulado "Nhengaçu Verde-Amarelo – Manifesto do Verde-Amarelismo ou da Escola da Anta".

Órgão do movimento, a *Revista de Antropofagia*, como é sabido, teve duas fases ou "dentições", como seus organizadores preferiam: a primeira, sob a orientação de Alcântara Machado e Raul Bopp (maio de 1928 a fevereiro de 1929), e a segunda liderada por Geraldo Galvão Ferraz (março a agosto de 1929). Foi nessa segunda fase que os quinze números da *Revista* passaram a ser publicados no *Diário de S. Paulo*, jornal fundado em 5 de janeiro de 1929 por Assis Chateaubriand, partidário da candidatura de Vargas à presidência e da formação da Aliança Nacional. Coube a Rubens do Amaral e José Jobim a direção do *Diário*, em substituição a Orlando Dantas que, vindo do Rio de Janeiro a convite de Chateaubriand, logo se desentendeu com o dono do jornal.

Enquanto o *Diário de S. Paulo* apoiava a candidatura de Getúlio Vargas, Oswald de Andrade, de olho em possível cargo público, estava ao lado de Júlio Prestes, no relato de Lívio Xavier:

> Oswald de Andrade, amigo íntimo de Júlio Prestes, presidente de São Paulo, já candidato à presidência da República, conciliava a sua revolução literária particular com a ilusão de participar da coisa pública e do governo federal no próximo quadriênio. (OEM, p.93-4)

As pretensões político-burocráticas de Oswald de Andrade caíram por terra, quando Júlio Prestes, embora eleito, não chegou a tomar posse por causa da Revolução de 1930, cabendo a Getúlio Vargas a chefia do Governo Provisório. Quanto à *Revista de Antropofagia*, encontrou abrigo nas páginas do *Diário de S. Paulo*, graças a "um golpe de astúcia política" de Oswald:

> Mas um golpe de astúcia política de Oswald de Andrade levou a Antropofagia ao *Diário de S. Paulo*, jornal de oposição, dirigido por Rubens do Amaral, o qual não via, no entanto, em que essas brigas de literatos pudessem ter influência na política geral. À revista foi

concedido sair como folha semanal do *Diário* impressa no corpo do jornal que publicava também uma secção diária: "O ponto de vista do PRP."[15] (OEM, p.94)

"Evidentemente, a alegria da taba ia durar pouco", e Chateaubriand, preocupado com as reclamações dos leitores, "logo mandou parar a brincadeira", como descreve Lívio Xavier, num raro momento de bom humor:

> Gastar papel e espaço com as loucuras alheias nos tempos que seriam decisivos para agitação liberal era demais. Que Dona Tarsila do Amaral perdoasse, mas os antropófagos não podiam continuar. E as famílias católicas e os leitores circunspectos que não paravam de protestar? (OEM, p.93-4)

***

Embora o legado do Modernismo na crítica de Lívio Xavier se concentre na contribuição de Mário de Andrade e Oswald de Andrade, o crítico nunca escondeu suas antipatias em relação a Oswald, quanto à sua atuação política e literária. Já Mário era visto como estudioso, consequente, empenhado em suas pesquisas estéticas, mesmo que Lívio discordasse da proposta da "língua brasileira" e do caráter experimental de sua poesia.

Em relação a Oswald de Andrade, pesou contra ele a irreverência, o comportamento combativo e demolidor, a levar homens austeros como Lívio Xavier, ex-integrante do Partido Comunista, a não apenas duvidar da seriedade das posições políticas do escritor, como também da contribuição de sua obra para o Modernismo brasileiro.

---

15 Partido Republicano Paulista, fundado em 18 de abril de 1873, apoiou a candidatura de Júlio Prestes à presidência da República.

Em que pese possíveis erros de avaliação, tanto em relação a Mário quanto a Oswald, não se pode deixar de reconhecer que o autor de *O elmo de Mambrino* manteve-se coerente, ao longo de mais de trinta anos, com seus posicionamentos estético-ideológicos.

Referências bibliográficas

ALAMBERT, F. A reinvenção da semana (1932-1942). *Revista USP*, São Paulo, n.94, jun.-jul.-ago. 2012, p.107-18.

ANDRADE, M. *Aspectos da literatura brasileira*. São Paulo: Martins Editora, s/d.

________. *Cartas a Manuel Bandeira*. Prefácio e notas de Manuel Bandeira. Rio de Janeiro: Tecnoprint, 1967.

________. *Cartas de Mário de Andrade e Murilo Miranda* (1934-1945). Rio de Janeiro: Nova Fronteira, 1981.

D'ONOFRIO, S. C. T. *Fontes para uma biografia intelectual de Edgard Cavalheiro* (1911-1958). Dissertação, São Paulo, IEB-USP, 2012.

FERREIRA, A. C. *Um Eldorado errante*: São Paulo na ficção histórica de Oswald de Andrade. São Paulo: Unesp, 1996.

LEVIN, O. M. O teatro dos escritores modernistas. In: FARIA, J. R. (org.). *História do teatro brasileiro*. São Paulo: Perspectiva; Sesc, 2013, v.2: Do modernismo às tendências contemporâneas, p.21-42.

MORAES, M. A. (org.). *Correspondência Mário de Andrade e Manuel Bandeira*. São Paulo: Edusp, 2001.

_______. *O orgulho de jamais aconselhar*: a epistolografia de Mário de Andrade. São Paulo: Edusp; Fapesp, 2007.

PAULILLO, M. C. A. Contos da plenitude. In: ANDRADE, M. *Contos novos*. São Paulo: O Estado de S. Paulo/Klick Editora, 1997, p.9-18.

SANTIAGO, S. Sobre plataformas e testamentos. In: ANDRADE, O. *Ponta de lança*. São Paulo: Globo, 1991, p.7-22.

SILVA, A. P. *Mário & Oswald*: uma história privada do Modernismo. Tese, Rio de Janeiro, PUC, 2006.

SILVA, T. C. *Um intelectual caipira na cidade*: a trajetória de Mário Neme e sua gestão no Museu Paulista. Tese, FFLCH-USP, 2014.

SOUZA, E. M. O discurso crítico brasileiro. In: *Crítica Cult*, Belo Horizonte: UFMG, 2007.

Lívio Xavier. Cedem. Fundo Lívio Xa

Capítulo 6
Fotografias: rastros de uma trajetória

Telma Campanha de Carvalho Madio

> Mais que nunca os homens comunicam-se entre si pelo olhar. O conhecimento das imagens, de sua origem, suas leis, é uma das chaves de nosso tempo. Para compreender-nos a nós mesmos e para nos expressarmos é necessário que conheçamos a fundo o mecanismo dos signos aos quais recorremos. (Francastel, 1993, p.5)

As fotografias, presentes no Fundo Lívio Xavier, permite-nos contemplar diversas cenas e personagens que acreditamos importantes para sua trajetória de vida, tanto pessoal como profissional. Mas como entender esses documentos em meio a tantos registros e informações, e na maioria das vezes com as fotografias e os negativos separados e acondicionados isoladamente do restante da documentação, se não temos o titular ou os descendentes mais próximos para identificar e circunstanciar as personalidades e eventos fotografados? Como compreender motivos e intencionalidades na guarda dessas imagens?

São questionamentos frequentes durante o trabalho com fotografias, seja em um acervo pessoal ou institucional, público ou privado. Por ficarem as fotografias, na maioria das vezes, sem uma relação direta com os demais documentos, estarem em suportes que tradicionalmente precisam de um maior cuidado em seu manuseio e possuírem uma imagem registrada a partir de um momento, circunstância ou objeto do real, tudo isso contribui para um processamento documental diferenciado e apartado dos demais documentos.

Podemos dialogar com fotografias de várias épocas, dos mais variados acervos, mas precisamos ter clareza para perceber e discernir como as mais variadas formas de organização e arquivamento de imagens interferem e podem alterar o motivo que determinou sua produção e/ou guarda original. Temos como senso comum que uma imagem capturada por uma máquina e revelada por processos químicos nos traz uma sensação de que o referencial captado e o instante fotografado ficaram congelados e que a realidade do momento foi mantida. Mas sabemos que a fotografia é um processo de registro da luz e, como todo processo, utiliza equipamentos e materiais específicos para conseguir tal intento. A fotografia é um processo de fixar uma imagem em uma emulsão fotossensível há muito pesquisado e aperfeiçoado e que teve sua divulgação oficial no ano de 1839, na França.

> A história da fotografia, não obstante, ratificou o esquema linear, o de uma sucessão de pesquisas transformadas em filiação e derivação de uma para outra: de Niépce para Louis Jacques Mandé Daguerre (1787-1851) e depois para Talbot. [...] A orientação de todos estes fatos técnicos *a posteriori* é artificial e esconde a diversidade de orientações experimentais, que só muito raramente tinham por objetivo isto que nós chamamos de a fotografia. (Frizot, 1998, p.38)

No processo fotográfico, basicamente, a luz incide e age na superfície emulsionada, alterando quimicamente suas propriedades. Para tanto, utilizamos uma câmara fechada, com uma

Lívio Xavier e colegas de colégio – Granja (CE) Lívio está sentado, à esquerda. Cedem. Fundo Lívio Xavier. Autor desconhecido.

pequena abertura que permite a passagem da luz, que reage com os químicos do material fotossensível, transformando-se em uma imagem latente. Com o processo de revelação e ampliação é que conseguimos tornar a imagem visível: produção do negativo e da fotografia ampliada.

Esses procedimentos, aparentemente simples, revolucionaram nossa percepção de mundo. A aceitação da fotografia em nossa sociedade foi imediata e passamos a produzi-la e usá-la em praticamente todos os setores de nossa sociedade. De imagens científicas, médicas, policiais, documentais, jornalísticas, antropológicas, artísticas até em propagandas e nos mais simples registros familiares, a fotografia é a forma mais comum e rápida de se reproduzir e eternizar momentos, ações e personagens.

Imbuída desses valores, uma das formas difundidas e exploradas para a utilização da fotografia foi a do retrato. Apesar de as primeiras imagens serem de locais urbanos, o retrato foi o detonador de sua expansão, transformando-a em uma mania em toda a sociedade, devendo estar presente nas mais importantes famílias. Ser retratado e ter sua imagem perenizada tornou-se fundamental, necessário e imperativo a todos, desde que houvesse condições de pagar por esse serviço. Com o desenvolvimento das técnicas, o retrato tornou-se realmente acessível a todas as classes, pelo barateamento do processo.

> O reflexo dos próprios olhos na superfície espelhada dos daguerreótipos enfeitiçava a humanidade com mais eficácia do que faria uma serpente, e a burguesia abastada e avara acorria aos estúdios dos retratistas para adquirir os totens do culto da própria personalidade por um preço bem mais acessível do que a nobreza, usuária dos serviços dos pintores célebres. (Vasquez, 1985, p.30)

Lívio em 1916. Cedem. Fundo Lívio Xavier. Autor desconhecido.

A democratização definitiva da prática da fotografia ocorreu quando o norte-americano George Eastman lançou em 1888 a primeira câmara da linha Kodak, capaz de produzir cem fotografias com um único filme que era revelado e ampliado em seguida pelo fabricante, talvez o principal fator propiciador do surgimento da fotografia de amador. Dessa maneira, a fotografia não era mais restrita aos profissionais e técnicos e temos seu uso obrigatório em todos os momentos e principalmente nas viagens, eventos sociais e políticos, comemorações, inclusive as familiares.

Lívio Xavier, Mário Barreto Xavier (irmão de Lívio) e Aristides Lobo. Cedem. Fundo Lívio Xavier. Autor desconhecido.

Para as famílias, a fotografia torna-se um meio eficaz de perenizar e consolidar a linha genealógica, reforçando laços e parentescos, ao mesmo tempo que fortalecia práticas e costumes. Poderíamos elencar vários outros usos e funções que a fotografia teve nesse curto espaço de tempo, transformando-a num precioso registro de épocas, maneiras, costumes, olhares, ao mesmo tempo que o próprio objeto e sua produção se tornaram elementos históricos, peculiares à época em que foram realizados.

Lívio Xavier com sobrinhos e sobrinhos-netos. Granja (CE). Cedem. Fundo Lívio Xavier. Autor desconhecido.

Imbuída da ilusão de se ter retido na imagem uma fração da realidade, fosse o referencial paisagem, gente ou objeto, a fotografia fez que se desenvolvesse nas pessoas um sentimentalismo muito forte pela sua posse, enquanto referência única e "real" daquele instante já passado. Algumas fotografias suscitam-nos saudosismo e um sentimento de perda pelos momentos que se foram. Esse caráter de resguardar e imortalizar momentos e pessoas importantes em nossas vidas, como se ao olharmos a fotografia revivêssemos aqueles instantes ou trouxéssemos as pessoas, foi larga e constantemente

Lívio, Olga, Laís, Maria Amélia (irmãs) e Myriam e Ada (sobrinhas). Fortaleza (CE). Década de 1950. Cedem. Fundo Lívio Xavier. Autor desconhecido.

utilizado em todos os países. Os álbuns[1] viraram obrigatoriedade para todas as famílias, que queriam assegurar visual e concretamente suas existências para as gerações futuras. Segundo o autor Pedro Vasquez (2003, p.40), foi um "instrumento privilegiado para o aumento voraz do consumo [...], indutor do hábito de colecionar retratos que tomou conta do século XIX".

Com esse caráter, a fotografia firmou-se como um documento detentor de indícios do passado, resultante de uma determinada época e um suporte visível de referências pré-existentes. Esse documento passou a ser imprescindível em todos os setores de nossa sociedade.

Como bem pontua Freund:

> De ora em diante a fotografia faz parte da vida quotidiana. Incorporou-se de tal modo na vida social que, à força de vê-la, não mais a vemos. Um dos seus traços mais característicos é ser igualmente recebida em todos os estratos sociais. Tanto se encontra no alojamento do operário e do artesão como em casa do comerciante, do funcionário e do industrial. (Freund, 1995, p.20)

A assimilação foi tal que a fotografia passou a ser obrigatória e chegando ao cúmulo de, caso não houvesse esse registro, talvez o fato ou o objeto não terem existido. Por isso, encontramos um grande número de fotografias tanto em acervos públicos, empresariais e pessoais. Como não houve distinção nesse uso, todos os segmentos a utilizaram e guardaram-na como prova de um momento da realidade que passou.

1 "As origens do álbum enquanto tipologia editorial remontam a meados do século XIX, quando surgem os primeiros cadernos destinados ao acondicionamento de retratos fotográficos. Sua popularização foi imediata" (Lima; Carvalho, 1997, p.19).

Nos acervos pessoais, em sua maioria, percebe-se que as fotografias guardadas correspondem às atividades profissionais, aos familiares e amigos e aos aspectos e interesses que foram privilegiados ao longo da trajetória de vida. Um amplo espectro de temas e assuntos que dependerá sempre dos interesses e vínculos do titular.

Da esquerda para direita: Edgard de Castro Rebello, desconhecido, Di Cavalcanti e Lívio Xavier. Década de 1930. Cedem. Fundo Lívio Xavier. Autor desconhecido.

E como proceder para manter ou restabelecer a organicidade dessa documentação? Como respeitar motivos e intencionalidades na guarda e preservação pelo titular daquelas imagens?

Faz-se necessário num primeiro momento respeitar os locais onde o titular manteve ou guardou as fotografias. Dessa forma, respeita-se e assegura-se que o vínculo com os demais documentos não seja perdido. Devemos considerar a fotografia um documento que interage com o titular, expressando sua inserção na totalidade da documentação acumulada. Por isso, não podemos pensar a fotografia como uma imagem isolada e somente nos atermos à descrição dos elementos presentes na imagem. É necessário historicizar e conhecer a trajetória do titular, identificando a função da fotografia, contextualizando-a com os demais documentos existentes no arquivo e sua relação com o restante da documentação acumulada.

Na organização do arquivo do ex-presidente Fernando Henrique Cardoso, as professoras Ana Maria de Almeida Camargo e Silvana Goulart observam que:

> a necessidade de tratar o arquivo pessoal como conjunto indissociável, cujas parcelas só têm sentido se consideradas em suas mútuas articulações e quando se reconhecem seus nexos com as atividades e funções de que se originaram. Qualquer outro tratamento que passasse ao largo desse esforço de *contextualização*, que é na verdade a operação-chave da metodologia arquivística, poria em risco a organicidade da documentação. (Camargo, 2007, p.35-6, grifo nosso)

Essa afirmação reforça a importância de não se tratar isoladamente os documentos de arquivo, independentemente do suporte. No caso das fotografias, outros dados favorecerem um tratamento diferenciado e isolado, mas o principal é a falta de identificação ou legendas. Isso contribui para que se busque primeiramente a identificação dos elementos imagéticos, e na maioria das vezes os elementos contextuais e relacionais com os demais documentos se perdem ou não são pesquisados.

> O documento fotográfico está sujeito a uma autonomia, que resulta basicamente da ausência de dados contextuais, maior em relação a seu contexto de produção do que seus similares textuais. (Lopez, 2008, p.8)

Polaroid de Lívio e Delmiro Gonçalves (jornalista e crítico teatral). Paris (FR). Década de 1970. Cedem. Fundo Lívio Xavier. Autor desconhecido.

A compreensão e o entendimento de fotografias deveriam ser corriqueiros, tal qual um texto escrito, mas a crença de que esse tipo de imagem assemelha-se ao que representa fez que acreditássemos, por muitos anos, que eram cópias da realidade e não representações resultantes de processos socioculturais específicos, determinadas por regras de construções, meios mecânicos, físicos e químicos para sua efetiva realização e inseridas em circuitos institucionais e/ou pessoais que determinam seu uso e guarda.

O desconhecimento de todo esse processo contribui para que a preocupação principal seja a descrição dos elementos visuais, com um detalhamento minucioso da imagem. Tal intento às vezes não é alcançado por desconhecimento de pessoas e fatos ligados ao titular, outras vezes ainda por inexistência de informações. Mas o que realmente torna-se fundamental não é a descrição pormenorizada da imagem, mas perceber a inserção e relevância da fotografia no conjunto da documentação. A descrição é relevante e se tornará até mais consistente se a relacionarmos com os propósitos e funções na guarda da fotografia pelo titular.

Reconhecer e compreender a guarda e inserção da fotografia em determinados espaços e locais no conjunto documental é primordial para a identificação da função atribuída pelo titular à fotografia. No caso em questão é um arquivo pessoal, em que o titular selecionou, guardou, compartimentou essas fotografias para se incorporarem enquanto documentos e testemunho de suas atividades, interesses e intimidades.

Torna-se difícil a identificação e a manutenção dos contextos das fotografias nos arquivos pessoais, pois a tendência primeira é separar os documentos por suportes e muitas vezes não é mantida a referência ao local em que estavam originalmente. A separação de suportes é indicada para o acondicionamento e armazenamento, mas não se pode desprezar essa inserção original, pois se comprometerá o entendimento da função do documento no arquivo.

Os autores Boadas, Casellas e Suquet destacam a fase de identificação como fundamental para a organização da documentação fotográfica:

> La correcta identificación de los conjuntos – fondos o colecciones – es básica a nivel metodológico, ya que cada documento forma parte de un todo estructurado del que, si se aísla, no tiene sentido y cuyo interés reside en la relación con los documentos que lo preceden y que lo siguen, en cuanto que viene a ser una instantánea dentro de una secuencia documental. (Boadas; Casellas; Suquet, 2001, p.115)

Polaroid de Lívio e Delmiro Gonçalves (jornalista e crítico teatral). Florença (ITA). Década de 1970. Cedem. Fundo Lívio Xavier. Autor desconhecido.

Para o titular do arquivo, entretanto, a fotografia não foi vista como um simples documento, mas carregada de intenções, descrições e narrações de sua vida. Portanto, sua guarda não se dá por ser uma cópia da realidade, mas por ser constituída de representações e intencionalidades de uma determinada época, tornando-se assim fundamental para preservação desse contexto. Para isso é necessária uma análise e posterior guarda que mantenha a integridade do conjunto, e não de fotografias isoladas.

Lívio Xavier com companheiros do jornal. Cedem. Fundo Lívio Xavier. Autor desconhecido.

A relação estabelecida e os vínculos com os demais documentos foram determinados pela própria constituição do arquivo e refletem atividades e interesses dessa pessoa. A autora Luciana Heymann destaca que é muito relevante na organização do arquivo estabelecer a ligação do titular com os documentos e com os arranjos e descartes praticados pela pessoa, ao longo do tempo na formação do arquivo.

> De fato, o que distingue esses conjuntos é o seu processo de acumulação, é a relação específica que une entidade produtora (o indivíduo) e arquivo (conjunto de documentos acumulados em situações distintas, em diversos períodos, submetidos ou não a seleções, descartes e ordenamentos). Trata-se não de descurar das relações que conectam atividades desempenhadas e registros documentais, e sim de atentar para a relação que cada titular mantém com seus papéis, de levar em consideração os usos que deram aos documentos, uma vez guardados, os atributos que lhe foram conferidos, capazes de explicar configurações, ordens, "desordens", marcas etc., todos eles eloquentes para o documentalista interessado em "interpretar" o arquivo a fim de poder organizá-lo da forma mais consequente. (Heymann, 2012, p.63)

Nesse sentido, o estudo e a pesquisa sobre o titular tornam-se primordiais a fim de entendermos minimamente a formação desse arquivo. Tornamo-nos cúmplices de suas atividades e interesses, tentando estabelecer as conexões de guarda e as possíveis omissões de documentos e registros.

Talvez mais que os documentos textuais, as fotografias, por suas características intrínsecas de representação, propiciam relações mais profundas, sentimentais e saudosistas do indivíduo, justificando sua guarda e plausíveis conexões com o resto da documentação.

O arquivo de Lívio Xavier possui 394 fotografias e 51 negativos (Guia do Acervo, 2008). A vida de militante político predomina nos documentos textuais, porém nas fotografias percebe-se grande interesse por amigos e familiares, cenas cotidianas e paisagens. São poucas imagens que o representam em atividades profissionais. Muitas fotografias não possuem identificação de autoria, local ou data, impossibilitando uma contextualização maior no arquivo.

VIII Congresso Nacional de Jornalistas, Fortaleza (CE), 1959. Cedem. Fundo Lívio Xavier. Autor desconhecido.

Para finalizar, ao analisarmos as fotografias conjuntamente, podemos perceber interesses do titular, como um testemunho dos momentos e aspectos relevantes em sua trajetória que determinaram a preservação dessas imagens em seu arquivo.

Referências bibliográficas

BOADAS, J.; CASELLAS, L.-E.; SUQUET, M. A. *Manual para la gestión de fondos y colecciones fotográficas*. Girona: Centre de Recerca i Difusió de la Imatge (CRDI), 2001.

CAMARGO, A. M. A. *Tempo e circunstância:* a abordagem contextual dos arquivos pessoais: procedimentos metodológicos adotados na organização dos documentos de Fernando Henrique Cardoso. São Paulo: Instituto Fernando Henrique Cardoso, 2007.

GUIA DO Acervo – Cedem. Org. Célia Reis Camargo. São Paulo: Cedem; Unesp, 2008.

FRANCASTEL, P. *A realidade figurativa*. São Paulo: Perspectiva, 1993.

FREUND, G. *Fotografia e sociedade*. Lisboa: Veja, 1995.

FRIZOT, M. Os continentes primitivos da fotografia. *Revista do Patrimônio Histórico e Artístico Nacional*, n.27, Iphan, Rio de Janeiro, 1998.

HEYMANN, L. Q. *O lugar do arquivo*: a construção do legado de Darcy Ribeiro. Rio de Janeiro: Contra Capa; Faperj, 2012.

LIMA, S. F. & CARVALHO, V. C. *Fotografia e cidade:* da razão urbana à lógica do consumo – álbuns da cidade de São Paulo, 1887-1954. Campinas: Mercado de Letras/São Paulo: Fapesp, 1997.

LOPEZ, A. P. A. O *contexto arquivístico como diretriz para a gestão documental de materiais fotográficos de arquivo*. 2008. Documento eletrônico. Disponível em: <http://repositorio.unb.br/handle/10482/303?mode=full&submit_simple=Mostrar+item+em+formato+completo>. Acesso em: 1/3/2017

VASQUEZ, P. K. *Dom Pedro II e a fotografia no Brasil*. Rio de Janeiro: Fundação Roberto Marinho; Index, 1985.

______. *O Brasil na fotografia oitocentista*. São Paulo: Metalivros, 2003.

Sobre os autores

Antonio Candido de Mello e Souza

Um dos maiores intelectuais brasileiros, nasceu em 1918, no Rio de Janeiro. Sua vasta obra assumiu posição central no cânone da crítica literária brasileira. Faleceu em 2017.

José Castilho Marques Neto

Possui graduação em Filosofia pela Universidade de São Paulo (1976) e doutorado em Filosofia pela mesma instituição (1992). Curso de especialização em Edição Global pela Universidad Pompeu Fabra de Barcelona (Espanha). Atualmente é professor-assistente doutor aposentado da Universidade Estadual Paulista Júlio de Mesquita Filho (Unesp), câmpus de Araraquara. Exerceu, desde 1988, funções de direção editorial junto à Editora Unesp (editor executivo e diretor de Publicações da FundUnesp) e, a partir de 1º de abril de 1996, tornou-se o primeiro diretor-presidente da Fundação Editora da Unesp, cargo que deixou em 1º de junho de 2015. Tem experiência na área de Filosofia, com ênfase em História da Filosofia e Filosofia Política, atuando principalmente nos temas relacionadas à formação do pensamento de esquerda e marxista, notadamente no Brasil. Especializou-se também em editoração universitária e em políticas públicas de livro, leitura e bibliotecas, sendo consultor de organismos nacionais e internacionais de editoração e leitura, além de agências de fomento à pesquisa. Consultor na área de livro, leitura e bibliotecas na empresa JCastilho – Gestão&Projetos.

Elisabete Marin Ribas

Possui graduação em Letras e mestrado em Teoria Literária e Literatura Comparada, ambos pela FFLCH-USP. Tem especialização em Organização de Arquivos pelo Instituto de Estudos Brasileiros-USP, instituição em que atualmente trabalha, exercendo o cargo de supervisora técnica do Serviço de Arquivo. Na área de organização de acervos, atua com documentação permanente e acervos pessoais. Aproveitando sua dupla formação, desenvolve pesquisas na área de acervos literários. Faz parte do Internacional Council on Archives (ICA), na área de Arquivos Artísticos e Literários; faz parte do Conselho Consultivo do Arquivo Histórico de São Paulo.

Sonia Troitiño

Possui graduação em História pela Universidade de São Paulo, formação em Patrimônio Cultural pela Fundación Duques de Sória/Ministério de Cultura de España e em Arquivística pela Fundación Sanchez-Albornoz/Universidad de Valladolid (Espanha). Atuou como diretora do Centro de Arquivo Permanente do Arquivo Público do Estado de São Paulo, além de trabalhar com consultoria nas áreas de pesquisa histórica e organização de acervos para diversas instituições. Doutora em História Social pela USP, tendo desenvolvido pesquisa na linha temática Historiografia e Documentação, e professora do Departamento de Ciências da Informação da Unesp-Marília nos cursos de Arquivologia e Biblioteconomia. É coordenadora do Centro de Documentação e Memória da Unesp-Cedem.

Tânia Regina de Luca

Possui graduação em História pela Universidade de São Paulo (1981), mestrado em História Social pela mesma instituição (1989) e doutorado em História Social pela Universidade de São Paulo (1996). É professora livre-docente em História do Brasil Republicano (2009) pela Universidade Estadual Paulista Júlio de Mesquita Filho (Unesp). Foi editora da *Revista Brasileira de História* (ANPUH, biênio 1999-2001) e da revista *História* (Programas de Pós-Graduação em História da Unesp/Assis e Franca). Por duas vezes coordenou o Fórum Nacional de Programas de Pós-Graduação em História da ANPUH, na condição de secretária-geral da entidade (biênios 2007-2009 e 2015-2017). Foi segunda tesoureira da ANPUH (biênio 2001-2003) e vice-presidente (biênio 2013-2015), quando coordenou a organização do Simpósio Nacional da entidade. Tem experiência na área de História, com ênfase em História do Brasil República, atuando principalmente nos seguintes temas: Historiografia, História Social da Cultura, História da Imprensa, História dos Intelectuais, construção dos discursos em torno da nação e do nacionalismo.

Sílvia Maria Azevedo

Possui graduação em Letras (1974), mestrado em Letras (Literatura Portuguesa, 1983) e doutorado em Letras (Teoria Literária e Literatura Comparada, 1990), pela Universidade de São Paulo. Atualmente é professora livre-docente em Teoria Literária pela Universidade Estadual Paulista Júlio de Mesquita Filho (Unesp). Tem experiência na área de Letras, com ênfase em Teoria Literária, Literatura Comparada, atuando principalmente nos seguintes temas: Machado de Assis, literatura e história, imagens do Brasil nos jornais de caricaturas, saber científico e a imprensa do século XIX. Atualmente é supervisora do Centro de Documentação e Apoio à Pesquisa – Cedap/Unesp/Assis). Líder do Grupo de

Pesquisa – CNPq: "Polêmicas intelectuais na América Latina entre os séculos XIX e XX: retórica, cultura e história".

Telma Campanha de Carvalho Madio

Possui graduação em História pela Pontifícia Universidade Católica de São Paulo (1985), especialização em Arquivo pelo IEB/USP (1988), mestrado em História pela Pontifícia Universidade Católica de São Paulo (1999) e doutorado em Ciências da Comunicação pela Universidade de São Paulo (2005). Livre-docência em Documento Fotográfico pela Faculdade de Filosofia e Ciências da Universidade Estadual Paulista Júlio de Mesquita Filho (Unesp) em 2016. Atualmente é professora-adjunta da Unesp, no Departamento de Ciência da Informação da Faculdade de Filosofia e Ciências, câmpus Marília.

SOBRE O LIVRO

Formato: 14 x 21 cm
Mancha: 23 x 40 paicas
Tipologia: Venetian 301 12/15
Papel: Off-white 80 g/m² (miolo)
Cartão Supremo 250 g/m² (capa)

1ª edição: 2017

EQUIPE DE REALIZAÇÃO

Capa
Negrito Editorial

Imagens de capa
Capa – Lívio em apartamento. Cedem.
Fundo Lívio Xavier. Autor desconhecido

Quarta capa – Lívio caminhando.
Fundo Lívio Xavier. Autor desconhecido

Edição de texto
Jorge Pereira Filho (Copidesque)
Mariana Echalar (Revisão)

Editoração eletrônica
Sergio Gzeschnik (Diagramação)

Assistência editorial
Alberto Bononi
Richard Sanches

Impresso por :

Graphium
gráfica e editora

Tel.:11 2769-9056